세상에서
가장 **특별한 여왕**
이야기

배경 지식을 넓혀 주는 감동 다큐 스토리

세상에서 가장 특별한 여왕 이야기

초판 1쇄 찍은날 | 2016년 5월 10일
초판 1쇄 펴낸날 | 2016년 5월 15일

지 은 이 | 이옥선
그 린 이 | 전인숙

펴 낸 곳 | 창의력발전소·(주)수경출판사
펴 낸 이 | 박영란
편 집 | 강미연, 박선진, 박다예슬
디 자 인 | 전찬우
영업총괄 | 임순규, 조용현, 손형관
제작·물류 | 조인호, 김현주
인 쇄 | (주)신화프린팅

등록번호 | 제2013-000088호
주 소 | 서울시 영등포구 양평로 21길 26 (양평동 5가) IS비즈타워 807호 (우 07207)
대표전화 | (02)333-6080
구입문의 | (02)333-7812
내용문의 | (02)6968-1550
팩 스 | (02)333-7197
홈페이지 | http://www.book-sk.kr

ISBN 978-89-5926-855-9 73900
ISBN 978-89-5926-780-4 (세트)

*이 책은 저작권법에 따라 한국 내에서 보호받는 저작물이므로, 무단 전재와 무단 복제를 일절 금합니다.
*페이지가 누락되었거나 파손된 책은 사용 여부에 관계없이 구입하신 곳에서 즉시 교환해 드립니다.

〈사진 제공〉
GettyimagesBank : 표4 상트페테르부르크 겨울 궁전
국립중앙박물관 : 64쪽 당삼채
Shutterstock : 78쪽 오늘날의 알렉산드리아, 107쪽 알람브라 궁전, 134쪽 쉰부른 궁전
Wikimedia Commons : 6쪽 엘리자베스 2세, 17쪽 엘리자베스 1세, 23쪽 에드워드 6세(상), 메리 1세(하), 24쪽 기사 작위를 받는 드레이크, 43쪽 샤넬이 디자인한 저지로 만든 옷, 50쪽 패션 디자이너 샤넬, 51쪽 샤넬 체인 백(좌), 샤넬 라인 치마와 구두(우), 52쪽 샤넬 넘버 5, 66쪽 무측천, 74쪽 악티움 해전, 79쪽 이시스 여신 모습의 클레오파트라(상), 아그리파의 흉상(하), 80쪽 미켈란젤로의 〈클레오파트라〉, 91쪽 애거사의 푸른 명판, 92쪽 에드거 앨런 포, 93쪽 이스탄불의 호텔, 100쪽 이사벨 여왕, 107쪽 크리스토퍼 콜럼버스, 108쪽 이사벨 1세와 페르난도 2세의 동상(상), 가톨릭의 수호자가 된 이사벨 부부(하), 112쪽 마리아 칼라스와 이달고, 120쪽 오페라 공연 모습, 121쪽 라 스칼라 오페라 하우스(좌), 파리 국립 오페라 하우스(우), 122쪽 레나타 테발디와 마리아 칼라스, 132쪽 상복을 입은 마리아 테레지아(좌), 마리아 테레지아와 프란츠 슈테판의 무덤(우), 134쪽 마리아 테레지아 때의 문장, 135쪽 프란츠 1세와 마리아 테레지아의 아이들, 136쪽 프리드리히 2세, 148쪽 그레이스 켈리, 149쪽 모나코 왕국의 모습(상), 그레이스 켈리와 레니에 3세(하), 150쪽 모나코 해양 박물관, 161쪽 예카테리나 2세, 162쪽 러시아 제국 시대의 문장(상), 표트르 대제(하), 163쪽 표트르 3세와 예카테리나 2세, 164쪽 예르미타시 미술관

배경 지식을 넓혀 주는 감동 다큐 스토리 초등

세상에서 가장 특별한 여왕 이야기

글 이옥선 그림 전인숙

창의력 발전소 수경출판사

배경 지식을 넓혀 주는 감동 다큐 스토리

'세상에서 가장 특별한 이야기'

■

'세상에서 가장 특별한 이야기'는
우리 주위에서 흔히 볼 수 있는 동물이나 사물이
사람들의 삶, 인류의 역사 속에서 어떤 특별한 역할을 했는지
실화를 바탕으로 재미있는 이야기로 만들었습니다.

■

'세상에서 가장 특별한 이야기'는
책을 읽으면서 그 안에 담긴 다양한 정보와 지식을
함께 익힐 수 있어, 인문·사회·과학 기술 등 다양한 분야에
대한 배경 지식을 쌓을 수 있습니다. 따라서 폭넓은 사고와 풍부한
감성이 자연스럽게 길러져 창의력 높은 인재로 자라게 됩니다.

■

'세상에서 가장 특별한 이야기'는
내용의 이해를 돕는 아름다운 그림과 실제 사진을 수록하여
글의 내용이 더욱 더 깊은 감동으로 다가옵니다.

〈세상에서 가장 특별한 여왕 이야기〉

〈세상에서 가장 특별한 여왕 이야기〉에는 정치, 역사, 예술 등 다양한 분야에서 인류의 삶에 기여한 여왕들이 등장합니다.
섬나라 잉글랜드를 강대국으로 만든 엘리자베스 1세, 삼국 통일의 기반을 다진 선덕 여왕, 옷으로 여성을 자유롭게 한 패션의 여왕 코코 샤넬, 에스파냐 제국의 기초를 닦은 이사벨 1세, 21세기 여성 리더가 된 토크쇼의 여왕 오프라 윈프리…….

◎ **세상에서 가장 의미 있고 특별한 여왕 이야기**

다양한 시대, 다양한 지역에서 사람들의 입에 자주 오르내리는 여왕들의 특별한 이야기를 읽다 보면 어려움을 이겨 내고 나라를 이끌어 가거나 자신의 분야에서 발전해 나가는 인간의 성장 모습에 깊은 감동을 느끼게 됩니다.

◎ **감동적인 이야기에 녹아 있는 '배경 지식'과 심화 정보 '다큐+'**

흥미로운 이야기를 읽으면서 자연스럽게 익힌 정보는 한눈에 볼 수 있게 핵심 정보만 따로 모아 '배경 지식'으로, 깊이 있는 상세 정보나 재미있는 뒷이야기는 '다큐+'로 구분하여 정리하였습니다.

세상에서 가장 특별한 여왕 이야기

여왕, 하면 가장 먼저 어떤 생각이 떠오르니? 한 나라를 다스렸던 여왕이 떠오르기도 하고 동화 속 여왕 이야기나 어떤 분야에서 다른 사람을 압도할 만한 세력이나 실력을 가진 여성들이 스쳐 지나가기도 할 거야.

여왕은 옛날에만 있었던 존재는 아니야. 몇몇 나라에서는 지금도 여왕이 정치적인 힘을 가지고 나라를 다스리기도 해. 오늘날 실존하는 여왕 중 우리에게 가장 친숙한 인물은 영국의 엘리자베스 2세야. 엘리자베스 2세는 영국의 상징적인 역할을 할 뿐만 아니라 국민들로부터 많은 사랑을 받고 있어.

신분 제도가 사라져 모든 사람이 평등해진 오늘날까지 여왕이라는 존재가 있는 까닭은 무엇일까? 그것은 아마 개인의 행복보다는 여왕으로서의 책임이 더 중요하다는 것을 알고 몸소 실천했기 때문일 거야.

엘리자베스 2세가 18살이 되었을 때였어. 그녀는 아버지 조지 6세를 졸라 군대에 갈 만큼 나라를 위하는 마음이 컸지. 제2차 세계 대전 당시에는 다른 병사들과 똑같이 트럭을 몰기도 하고 흙바닥에 쪼그리고 앉아 타이어를 바꾸기도 했다고 해.

제2차 세계 대전 당시의 엘리자베스 2세

대부분의 유럽 왕실이 쇠퇴해 가는 반면, 엘리자베스 2세는 '왕은 군림하되 통치하지 않는다.'는 말처럼 세상의 변화를 지혜롭게 받아들여 전 세계에서 가장 오래 왕위를 유지한 여왕이 되었어.

우리나라에도 많은 사람들이 여왕이라고 부르는 인물이 있어. 바로 '피겨 여왕' 김연아야. 여왕은 이처럼 어떤 분야에서 최고의 위치에 오른 사람을 일컫는 말이기도 해. 김연아는 피겨 스케이팅 분야에서 최고의 자리에 오르기까지 수많은 연습을 했고 힘든 나날을 보내야만 했어. 그녀가 선수였던 시절을 돌이켜 보면 90%가 힘들었던 기억이라고 해. 여왕의 자리는 공짜로 얻어지는 게 아니라 뼈를 깎는 노력을 통해 얻을 수 있었던 거지.

지금부터 하려는 이야기가 바로 이런 여왕들에 대한 이야기야. 어떤 여왕들이 나올지 궁금하다고? 아마 책을 다 읽고 나면, 한 번쯤은 여왕이 되고 싶다는 꿈을 꾸게 될지도 몰라.

 차례

1. 잉글랜드라는 나라와 결혼한 엘리자베스 1세 ········ 11
   - 배경 지식 : 잉글랜드와 엘리자베스 1세 ················ 22
   - 다큐 + : 해적을 해군 제독으로 임명한 엘리자베스 ········ 24

2. 지혜와 덕으로 삼국 통일의 기반을 다진 선덕 여왕 ········ 25
   - 배경 지식 : 신라와 선덕 여왕 ························ 36
   - 다큐 + : 선덕 여왕과 모란꽃 이야기 ···················· 38

3. 옷으로 여성을 자유롭게 한 패션의 여왕 코코 샤넬 ········ 39
   - 배경 지식 : 패션 디자인과 샤넬 ······················ 50
   - 다큐 + : 샤넬을 왜 향수 이름에 숫자를 붙였을까? ········ 52

4. 중국 역사상 유일무이한 여황제 무측천 ················ 53
   - 배경 지식 : 당나라와 무측천 ························ 64
   - 다큐 + : 무측천은 우리나라에 어떤 영향을 끼쳤을까? ······ 66

5. 이집트의 마지막 파라오 클레오파트라 ·················· 67
   - 배경 지식 : 이집트와 클레오파트라 ···················· 78
   - 다큐 + : 클레오파트라는 정말 빼어난 미인이었을까? ······ 80

6. 세계를 홀린 추리 소설의 여왕 애거사 크리스티 ·········· 81
   - 배경 지식 : 추리 소설과 애거사 크리스티 ··············· 92
   - 다큐 + : 애거사 크리스티가 독살의 여왕이라고? ·········· 94

7. 에스파냐 제국의 기초를 세운 여장부 **이사벨 1세** ········ 95
- 배경 지식 : 에스파냐와 이사벨 1세 ················· 106
- 다큐 + : 이사벨 1세의 흠이 된 이교도 박해 사건 ········· 108

8. 천의 얼굴을 연기한 오페라의 여왕 **마리아 칼라스** ····· 109
- 배경 지식 : 오페라 ···························· 120
- 다큐 + : 마리아 칼라스의 경쟁자, 레나타 테발디 ········ 122

9. 합스부르크 가문의 모범적 통치자 **마리아 테레지아** ···· 123
- 배경 지식 : 합스부르크 가문과 마리아 테레지아 ········ 134
- 다큐 + : 마리아 테레지아의 적수, 프리드리히 2세 ········ 136

10. 은막의 여왕에서 모나코의 왕비가 된 **그레이스 켈리** ··· 137
- 배경 지식 : 모나코의 왕비가 된 여배우, 그레이스 켈리 ······ 148
- 다큐 + : 한국 관련 영화에 그레이스 켈리가 출연했다고? ······ 150

11. 어떤 차르보다 더 러시아를 사랑한 **예카테리나 2세** ··· 151
- 배경 지식 : 러시아 제국과 예카테리나 2세 ············ 162
- 다큐 + : 예카테리나 2세의 보물 창고, 에르미타시 미술관 ····· 164

12. 21세기 여성 리더가 된 토크쇼의 여왕 **오프라 윈프리** ··· 165
- 배경 지식 : 토크쇼와 오프라 윈프리 ················ 174
- 다큐 + : '오프라 법안'이란 무엇일까? ··············· 176

세상에서 가장 특별한 여왕 이야기

1

잉글랜드라는 나라와 결혼한
엘리자베스 1세

옛날의 잉글랜드는 지금과는 위상이 달랐어.
유럽 본토에서 떨어져 있는 섬나라에 불과했지.
가난했던 잉글랜드를 지금과 같이 강대국으로 바꾸어 놓은 이는
몇 번이나 죽을 고비를 넘기고 여왕이 된 엘리자베스 1세였어.
그러기 위해 그녀는 독신을 고집하면서
나라를 다스리는 일에 전념했다고 해.

엘리자베스 1세는 1533년 9월, 헨리 8세와 그의 두 번째 부인이었던 앤 불린 사이에서 태어났어.

"유감이로군. 아들이기를 바랐는데……."

"다음에는 아들을 낳을 수 있을 거예요."

아들을 바라던 헨리 8세의 마음을 눈치챈 앤 불린은 미안해했지만, 그녀에게 다음 기회란 없었어. 앤 불린은 누명을 쓰고 사형에 처해졌거든. 아들이 아니라는 이유로 아버지 헨리 8세의 눈 밖에 나고, 어머니마저 잃은 엘리자베스는 천덕꾸러기 취급을 받았지. 다행히 훌륭한 교육을 받을 수 있었던 엘리자베스는 불안하고 외로운 나날을 잊으려고 더욱더 공부에 매달렸어.

1547년, 헨리 8세가 죽자 엘리자베스와 어머니가 다른 에드워드 6세와 메리 1세가 차례로 왕위에 올랐어. 그녀의 이복형제들이 왕위에 있을 때에도 엘리자베스의 생활은 힘들기만 했어. 특히 독실한 가톨릭 신자였던 메리 1세는 엘리자베스가 잉글랜드 국교회를 믿는다고 의심하여 석 달간 런던 탑에 가두었지.

어렵게 풀려난 엘리자베스는 정치 싸움에 휘말리지 않기 위해 시골에 콕 박혀 지냈지만, 운명은 엘리자베스를 가만히 두지 않았어.

메리 1세가 왕위에 오른 지 5년 만에 숨을 거두자 1558년, 엘리자베스는 25살의 나이로 잉글랜드 왕위에 올랐지.

'난 이제 불우했던 과거는 모두 잊고 있는 힘을 다해 잉글랜드를 부강한 나라로 만들고 말 거야!'

당시 잉글랜드는 프랑스나 에스파냐보다 국력이 훨씬 약하고 가난했어. 종교적인 불안뿐만 아니라 가뭄으로 인한 굶주림, 높은 물가, 지나치게 많은 런던의 인구, 악화된 외교 문제 등 해결해야 할 문제가 산더미처럼 쌓여 있었지.

엘리자베스는 대관식을 치르며 다짐했던 일과 잉글랜드의 현실을 생각하며 바로 여왕으로서의 업무를 보기 시작했어.

"오늘은 좀 쉬시지요. 피곤하실 텐데……."

"오늘이 무슨 특별한 날이라도 된단 말입니까? 한시가 바쁩니다."

엘리자베스는 밀린 나랏일을 면밀히 검토하고는 가장 먼저 잉글랜드를 두 개로 나누어 버린 종교 갈등을 해결하기로 마음먹었어.

"국교를 다시 잉글랜드 국교회로 되돌리겠어요. 정치뿐만 아니라 종교에서도 잉글랜드의 최고 통치자는 바로 나입니다."

엘리자베스는 잉글랜드 국교회를 공식 종교로 선포했어. 언니 메리 1세가 국교를 가톨릭으로 바꾸면서 종교 탄압을 심하게 해서 사람들을 공포에 떨게 만들었거든.

"종교 때문에 죽고 죽이는 일이 더 이상 있어서는 안 됩니다. 그건 신이 원하는 일이 아니에요."

종교적 갈등으로 혼란스러웠던 사회가 점차 안정되어 가자 엘리자베스는 부강한 나라를 만들기 위한 대책을 세우기 위해 노력했어.

'가장 시급한 문제를 해결했으니, 다음은 경제를 살리는 일에 온 힘을 기울여야 해!'

엘리자베스는 잉글랜드의 경제 사정을 꼼꼼하게 파악한 후 지금의 상황에서는 모직물 공업의 전망이 가장 좋다는 결론을 내렸어.

"모직물 공업에 종사하는 사람들을 궁으로 초대해서 연회를 베풀어야겠어요."

여왕의 말에 신하는 고개를 갸우뚱했지.

'귀족들이 아닌 공장 근로자들을 위해 궁에서 연회를 연다고?'

이해할 수는 없었지만 여왕의 명령에 따라 시키는 대로 했어. 놀라기는 모직물 공업 종사자들도 마찬가지였지.

"내 살아생전에 궁에 초대를 받아 여왕을 직접 볼 줄 누가 알았겠어요?"

"하하하. 누가 아닙니까?"

연회장에 모인 사람들은 주위를 두리번거리며 수군거렸어.

"여왕 폐하 나오십니다!"

신하의 외침에 웅성거리던 사람들은 일제히 입을 다물고는 눈을 크게 뜨고 엘리자베스의 등장에 집중했어.

"반갑습니다. 모두들 여기까지 오시느라 수고가 많았습니다."

엘리자베스가 환하게 웃으며 인사를 하자, 한 사람이 갑자기 큰 소리로 외쳤어.

"여왕 폐하! 잉글랜드에서 가장 아름다우십니다."

그 말을 듣자마자 신하는 깜짝 놀라 얼굴빛이 창백해졌어. 여왕의 기분이 상할까 봐 가슴이 철렁했거든.

"호호호, 그렇게 칭찬해 주시니 고맙습니다. 당신도 미남이시네요."

그러나 신하의 걱정과 달리 여왕은 호탕하게 웃으며 받아넘겼고, 덕분에 연회장 안의 분위기는 한결 부드러워졌지.

"지금까지 여러분이 수고해 주신 덕분에 잉글랜드의 모직물 공업이 이만큼 발달한 것에 대한 감사를 드리고 싶었습니다."

칭찬을 받고 기분이 좋아진 사람들은 어깨를 으쓱하며 박수를 보냈고, 여왕은 말을 이었어.

"이렇게 좋은 옷감을 잉글랜드 사람들만 입기엔 너무 아깝지 않나요? 저는 세계 여러 나라에 이것을 수출해야 한다고 생각합니다."

생각지도 못했던 여왕의 말에 사람들의 눈이 휘둥그레졌어.

"그러니 지금부터 더 열심히 개발하여 더 좋은 옷감을 만들어 주세요. 제가 도울 수 있는 일이 있다면 기꺼이 돕겠습니다."

엘리자베스 여왕의 산업 정책은 잉글랜드의 경제가 발전하는 데 큰 역할을 했어. 모직물 산업을 시작으로 금속업, 광산업 등을 보호하고 육성하여 해외로 진출시켰지. 해외에 여러 식민지를 건설한 것도 엘리자베스 때의 일이야. 그만큼 여왕은 일에 푹 파묻혀 살았어.

신하들은 이렇게 일만 하는 여왕을 보는 게 안타까웠지.

"여왕 폐하, 이렇게 혼자 계시는 것이 보기에 안 좋습니다. 결혼을 하시는 게 어떠신지요?"

"한 시대를 통치했던 여왕이 조국을 남편으로 여기고 살다가 생을 마감했다는 비석을 세울 수만 있다면 저는 그것으로 만족합니다."

여러 번 말해도 여왕이 고집을 꺾지 않았기에 신하들도 하는 수 없이 포기해야 했어. 사실 엘리자베스는 주변에 있는 프랑스나 에스파냐 같은 강대국들을 살피느라 결혼에 신경을 쓸 여력이 없었지.

특히 가톨릭교를 믿는 에스파냐와 신교를 믿는 네덜란드 사이에 종교 문제로 전쟁이 벌어지자 여왕의 외교 능력이 시험대에

평생을 독신으로 산 엘리자베스 1세

올랐어. 그 당시 에스파냐는 강한 해군력을 가지고 있었는데, 겨룰 만한 적이 없을 만큼 강해서 무적함대라고 불리고 있었거든.

"여왕 폐하, 두 나라 중 어느 편에 서야 할까요? 우리와 같이 신교를 믿는 네덜란드를 돕자니 강대국인 에스파냐를 무시할 수가 없어 난감합니다."

"무슨 말씀이십니까? 당연히 네덜란드를 도와야지요."

엘리자베스가 단호히 말하자 신하들이 웅성거리기 시작했어.

"저어, 아무리 그래도 나라의 안전을 먼저 생각하셔야지요."

"싸워 보지도 않고 두렵다고 피하기만 하면 잉글랜드는 영원히 에스파냐의 눈치를 봐야 합니다. 그럴 수는 없지요. 뭐가 무서워서 소신을 굽혀야 합니까?"

여왕의 발언이 에스파냐에 전해지자, 에스파냐는 잉글랜드에 선전 포고를 하고 무적함대를 출동시켰어.

"여왕 폐하! 큰일 났습니다. 지금 에스파냐의 무적함대가 우리 나라를 향해 오고 있다고 합니다."

"싸워 보지도 않았는데 무적함대라뇨? 싸움은 힘이 아니라 지혜로 하는 것입니다. 속히 군사 회의를 소집해 주세요. 우리 잉글랜드가 반드시 에스파냐를 무찔러야 합니다."

여왕의 명령에 군사 지도자들이 속속 모여 들었어.

"우리는 반드시 에스파냐를 이길 것입니다. 모두들 자신감을 갖도록 하세요. 시작도 하기 전에 적을 두려워하면 어떻게 이길 수 있겠습니까? 우리가 믿음을 같이하는 네덜란드를 도운 게 무슨 잘못입니까? 자기 마음에 들지 않는다고 쳐들어오는 에스파냐의 잘못이지요. 그리고 무엇보다 저들의 부당함을 널리 알려야 합니다."

여왕의 말에 감화된 지도자들은 부대로 돌아가 군사들을 격려했어.

"여러분은 할 수 있습니다. 에스파냐의 오만함은 더 이상 눈뜨고 볼 수 없을 지경입니다. 자, 나가서 싸웁시다!"

막연히 무적함대의 소문에 기가 눌려 있던 군사들은 여왕과 지도자들의 말에 사기가 높아졌어. 게다가 해군 제독 프랜시스 드레이크 경과 찰스 하워드 경이 펼친 전략이 제대로 먹혔지. 그들은 작고 속도가 빠른 함대를 이끌고 무적함대의 뒤쪽으로 접근해서는, 화약을 가득 실은 배를 에스파냐 함대 사이로 보내 터트렸거든.

영국 함대를 얕잡아 보고 여유를 부리던 에스파냐군은 큰 혼란에 빠졌고, 그 틈을 타 잉글랜드군은 에스파냐군을 크게 무찔렀지.

"잉글랜드 만세! 엘리자베스 여왕 폐하 만세!"
 이 전쟁으로 잉글랜드 국민들은 하나로 뭉친 반면 에스파냐의 지위는 크게 흔들렸어. 유럽과 떨어져 소외를 받던 섬나라 잉글랜드가 해상 대국, 강대국으로 나아가게 된 거야.

엘리자베스가 잉글랜드를 다스렸을 때는 문화도 크게 발전했어. 잉글랜드가 낳은 세계 최고의 극작가인 윌리엄 셰익스피어와 위대한 과학자이자 철학자인 프랜시스 베이컨이 활동한 시기도 이 때야.

왕성하게 활동하며 잉글랜드를 거의 45년 동안 다스렸던 엘리자베스 여왕도 나이가 들자 점점 쇠약해졌어. 어느 날, 엘리자베스는 평소보다 더 곱게 차려입고 의회에 나아가 훗날 '황금의 연설'이라고 불리는 훌륭한 연설을 했지.

"신께서 나를 여왕으로 만들어 주신 것도 감사하지만, 내가 누릴 수 있었던 가장 큰 영광은 백성들의 사랑을 듬뿍 받았다는 것입니다. 남이 쓴 왕관은 영광스러워 보이지만, 직접 써 보면 그렇게 유쾌한 것만은 아니랍니다. 신께서 내게 주신 사명이라는 생각과 백성을 안전하게 보살펴야 한다는 절실한 마음이 없었다면 이 왕관을 누구에게든 줘 버렸을지도 모릅니다. 나는 백성들에게 뭔가 해 줄 수 있는 그날까지만 통치할 생각입니다. 나보다 더 강한 군주는 과거에도 있었고 앞으로도 있을지 모르지만 나보다 더 백성을 사랑한 군주는 지금까지도 없었고 앞으로도 없을 것입니다."

엘리자베스가 연설을 마치자 의회가 떠나갈 듯 박수 소리가 울려 퍼졌어. 연설을 마친 여왕은 의원들 한 사람 한 사람으로부터 손에 입맞춤을 받으며 인사를 했지.

"모두들 그동안 수고 많으셨습니다. 제 목숨이 다하는 날까지 잉글랜드의 발전을 위해 기도하겠습니다."

마지막 한 사람에게까지 인사를 한 뒤 의회를 빠져나간 여왕은 얼마 후, 잠이 든 것처럼 조용히 눈을 감으며 생을 마감했어.
엘리자베스 1세는 가난했던 잉글랜드를 강대국으로 이끌었어. 그녀가 통치했던 시기의 잉글랜드는 경제적으로나 문화적으로 최전성기를 누렸지. 그러기 위하여 그녀는 스스로의 행복은 포기한 채 독신을 고집하면서 남편 대신 백성을 사랑하고 나라를 다스리는 일에 전념했다고 해.

잉글랜드와 엘리자베스 1세

1. 영국의 토대가 된 잉글랜드

영국의 정식 이름은 그레이트브리튼 북아일랜드 연합 왕국이야. 잉글랜드와 웨일스, 스코틀랜드가 있는 그레이트브리튼 섬과 아일랜드 섬의 북동 지역인 북아일랜드를 중심으로 그 주위의 섬들 및 해외에 가지고 있는 땅을 영토로 하고 있지. 1922년 아일랜드 자유국이 성립될 때 북아일랜드

가 영국의 일부로 남으면서 현재의 연합 왕국이 된 거야.

잉글랜드는 오랜 세월에 걸쳐 팽창을 거듭하면서 지리적·인구적으로 그레이트브리튼 섬의 주요 부분을 이루고 있어. 그리고 1536년에는 웨일스 전 지역을, 1707년에는 스코틀랜드를 차지하였지. 1810년에는 아일랜드와 연합 왕국을 형성하였으나 중심은 잉글랜드였어. 그런 까닭에 잉글랜드의 여왕을 영국의 여왕이라고 말하기도 해.

2. 잉글랜드의 종교 개혁은 어떻게 시작되었을까?

종교 개혁은 16~17세기에 유럽에서 가톨릭 교회의 부정부패를 바로잡자며 일어난 혁신 운동으로, 신교도들은 구교인 가톨릭 교회에 대항해 종교의 자유를 얻기 위한 전쟁을 벌이기도 했어. 이런 신교와 구교의 싸움은 유럽 전체로 확대되었고 잉글랜드에도 그 영향이 미쳤지만, 잉글랜드의 종교 개혁은 특이하게도 헨리 8세의 이혼 문제에서 시작되었어.

헨리 8세는 교황에게 에스파냐 공주였던 첫 번째 왕비 캐서린과의 이혼을 요청했어. 원래 가톨릭은 이혼을 인정하지 않았을 뿐만 아니라 강대국인 에스파냐의 눈치를 보았던 교황은 이혼을 허락하지 않았지. 그러자 헨리 8세는 잉글랜드 교회의 우두머리는 잉글랜드 국왕이라며 교황으로부터의 독립을 선언했고, 이를 계기로 잉글랜드 국교회(성공회)가 만들어졌어.

3. 엘리자베스 1세의 형제들

헨리 8세와 세 번째 부인이었던 제인 시모어 사이에서 태어난 에드워드 6세는 태어날 때부터 몸이 허약하여 16년이라는 짧은 생을 살았어. 6년간 국왕으로 있었지만 어린 그 대신 외삼촌이 나라를 다스렸기에 에드워드 6세의 생각이 정치에 반영된 일은 거의 없었지. 다만 종교면에서는 열렬하게 신교도를 지지하였다고 해.

에드워드 6세

헨리 8세와 첫 번째 부인이었던 캐서린 사이에서 태어난 메리 1세는 열렬한 가톨릭 신자였어. 왕위에 오르자마자 가톨릭을 수호하는 에스파냐의 펠리페 2세와 결혼하였고, 헨리 8세와 에드워드 6세 시기에 걸친 종교 개혁을 모두 부정하였지. 게다가 신교도들을 처벌할 수 있는 법을 만들어 가톨릭교를 믿지 않으면 가혹하게 처형하였기 때문에 그녀를 '피의 메리'라고 불렀어.

메리 1세

❁ 미국에 엘리자베스 1세를 기리기 위한 곳이 있다고?

에스파냐의 무적함대를 무찌르고 새로운 바다의 지배자가 된 잉글랜드는 엘리자베스 1세의 지원을 받아 산업을 발전시킬 원료를 얻고, 모직물을 팔 새로운 시장을 찾기 위해 해외로 진출했어. 1584년, 엘리자베스가 아메리카에 식민지를 만드는 것을 허락하자 탐험가 월터 롤리 경은 독신이었던 여왕을 기리기 위해 미국 동부 식민지를 '버지니아(처녀의 땅)'라고 이름 지었다고 해.

❁ 해적을 해군 제독으로 임명한 엘리자베스

프랜시스 드레이크는 탐험가이자 해적이었어. 또한 잉글랜드 사람으로는 최초로 세계 일주 항해에 성공했지. 에스파냐의 펠리페 2세는 해적질을 한 드레이크에게 벌을 주라고 요구했지만, 엘리자베스는 벌은커녕 기사 작위를 주었어. 훗날 드레이크는 에스파냐의 무적함대를 물리치는 데 큰 역할을 하여 잉글랜드의 영웅이 되었지.

엘리자베스로부터 기사 작위를 받는 드레이크

세상에서 가장 특별한 여왕 이야기

2

지혜와 덕으로 삼국 통일의 기반을 다진

선덕 여왕

신라에는 선덕, 진덕, 진성이라는 세 명의 여왕이 있었어.
그중에 최초의 여왕은 선덕이었지.
선덕 여왕은 여성이어서 힘든 점도 많았지만,
'덕만'이라는 이름처럼 덕을 베풀며 나라를 다스렸어.
어떻게 나라를 다스렸기에 우리나라를 대표하는
여왕으로 평가를 받는지 한번 살펴볼까?

'이제 난 신라의 왕이다. 어떡해야 백성들이 마음 편히 잘살 수 있을까?'

아버지 진평왕의 뒤를 이어 왕위에 오른 선덕 여왕은 깊은 고민에 빠졌어. 백성들에 대한 책임감에 어깨는 무거웠고, 여왕이라고 반대하던 귀족들을 마주할 생각에 머리가 복잡했지. 하지만 피할 수 없었기에 그녀는 백성들을 보살피는 일을 최우선으로 삼았어.

'궁궐에 가만히 앉아서 들려오는 소식만 가지고서는 백성들의 삶을 제대로 살필 수 없어. 각 지역에 관리들을 보내 어려운 백성들을 나라가 먼저 나서서 보살펴야지.'

선덕 여왕은 각 지역에 보낼 관리들을 불러 단단히 일렀어.

"백성들의 삶을 잘 살펴야 합니다. 홀아비, 홀어미, 부모 없는 아이들처럼 힘없고 가난한 사람들을 찾아내어 먼저 보살피도록 하세요. 그게 나라가 할 일입니다."

명령을 받은 관리들은 곳곳으로 흩어져 어려운 사람들을 찾아다니며 돕다가 수시로 궁궐에 들어가 백성들의 생활에 대해 보고했어.

"요즘 백성들의 생활은 어떤가요?"

"달구벌에는 2년째 흉년이 들어 백성들의 삶이 몹시 힘듭니다."

"풍년이 들어 백성들이 잘 먹고 잘살려면 무엇보다 기후를 예측할 수 있어야 할 텐데. 무슨 좋은 방법이 없을까요?"

여왕은 재능 있는 인재들을 불러 모아 기후를 예측할 수 있는 방법을 연구하게 했어.

"여왕 폐하, 기후를 예측하기 위해선 해와 달 그리고 별 등 하늘의 움직임을 세세히 살펴보아야 합니다."

"바로 그겁니다. 기후를 예측할 수 있는 천문 기상 관측대를 만들어야겠어요."

백성들의 안정된 삶을 위해 선덕 여왕이 신하들을 격려하며 만들게 한 천문 기상 관측대가 바로 오늘날 경주에서 볼 수 있는 첨성대야.

백성들을 생각하는 선덕 여왕의 섬세하고 따뜻한 마음은 지귀 설화를 통해서도 알 수 있어.

"김 내관, 절에 좀 다녀와야겠으니 준비를 해 주세요."

선덕 여왕은 궁궐 안에 가만히 있기보다는 절에 가 부처님께 나라가 평안하기를 기도하고 싶었어. 얼마나 갔을까? 행렬의 뒷쪽이 떠들썩했지.

"무슨 일입니까?"

여왕이 묻자 김 내관이 머뭇거리며 대답했어.

"지귀라는 청년이 자꾸만 따라와서 좀 혼내 주었습니다."

"그 지귀라는 청년은 왜 따라온답니까?"

"여왕 폐하를 사모하여 행차를 기다리고 있었다고 하옵니다."

"그렇군요. 또다시 그런 일이 있거든 그냥 놔두세요. 나랏일에 대한 근심이 많았는데, 백성의 사모를 받는다고 하니 힘이 납니다."

곱게 미소를 지으며 말하는 선덕 여왕의 모습에 신하들의 눈은 휘둥그레졌고, 신이난 지귀는 덩실덩실 춤을 추며 여왕의 행렬을 따라갔어. 절에 도착한 여왕은 간절한 마음을 담아 부처님께 열심히 기도를 올렸지.

"자비로운 부처님, 신라의 백성들을 보살펴 주세요. 제발 백성들이 마음 편히 살 수 있는 부강한 나라가 되게 해 주세요."

선덕 여왕이 간절한 기도를 마쳤을 때에는 이미 해가 지고 날이 어두워져 있었어.

"아니, 저 청년은……."

선덕 여왕은 절 입구에 있는 탑 아래에서 지귀를 발견했어. 그녀를 기다리다가 지쳐 잠들어 있는 그의 가슴에 자신이 끼고 있던 팔찌를 빼어 올려놓고는 조용히 그 자리를 떠났지.

잠에서 깬 지귀는 선덕 여왕의 팔찌를 보고 불같이 타오르는 마음을 자제하지 못하고 불씨가 되어 활활 타올랐어.

그후 불귀신이 된 지귀가 거리를 떠돌자 여기저기서 불꽃이 치솟았고 나라가 혼란스러워졌지.

"불, 불이야! 온 사방으로 불길이 번져 손쓸 도리가 없어요."

지귀의 안타까운 사정과 불난리 소식을 전해 들은 선덕 여왕은 그의 혼을 위로하는 주문을 만들었고, 그것을 백성들에게 일러 주며 대문에 붙이도록 했어. 그녀의 행동에 지귀의 마음이 위로를 받아서일까? 그 이후로는 백성들이 불로 인한 어려움을 겪지 않았다고 해.

"여왕이라서 그런지 어머니처럼 자상한 것 같아요."

"맞아요. 어려움에 처한 백성들을 이렇게 보살펴 주시니까요."

여자 임금은 처음이라며 걱정했던 백성들은 입을 모아 선덕 여왕을 칭찬하였지만, 사실 여자의 몸으로 왕 역할을 한다는 건 쉽지 않았어. 여왕이라고 얕보는 사람들은 신라의 귀족만이 아니었거든.

"지금이 기회입니다. 여왕이 무슨 힘이 있겠어요?"

진흥왕 때 신라에 많은 땅을 빼앗겼던 고구려와 백제는 선덕 여왕을 무시하고 자주 침략해 왔어. 특히 백제는 신라의 서쪽 변경에 수시로 쳐들어왔을 뿐만 아니라 독산성을 습격했지. 다행히 큰 피해 없이 알천 장군이 물리치면서 한숨 돌리나 싶었더니, 백제 의자왕이 다시 군사를 이끌고 쳐들어와 미후성을 비롯하여 40여 개의 성을 차지했어. 신라군이 강하게 저항하자, 의자왕은 고구려와 손을 잡고 당항성을 공격해 신라와 당나라가 교류하는 길목을 차단하기도 했지. 선덕 여왕의 바람과 달리 전쟁은 끊이질 않았어.

'고구려, 백제를 통일하여 당나라에 대항할 수 있는 강한 나라를 만들면 좋으련만. 이렇게 서로를 공격하며 자기 나라의 이익만 찾고 있으니 앞으로 삼국은 어떻게 될지…….'

자신이 죽기 전에 삼국을 통일하여 당나라와 맞먹는 부강한 나라를 만들고, 백성들이 편히 사는 모습을 보고 싶었던 선덕 여왕은 깊은 고민 끝에 결단을 내렸어.

"김유신 장군을 불러오세요."

김 내관은 득달같이 사람을 보내 김유신을 불러왔어.

"부르셨습니까?"

"지금 백제와 고구려는 틈만 나면 우리를 넘보며 공격해 오고 있습니다. 또한 당나라 역시 호시탐탐 기회를 보며 우리 나라를, 아니 삼국 모두를 노리고 있죠. 내 그대를 대장군으로 임명할 것이니 적들로부터 이 나라와 백성들을 지켜 주세요."

"대장군이라니요?"

김유신은 깜짝 놀라 자신도 모르게 고개를 번쩍 들었어.

"여왕 폐하! 제 능력을 좋게 봐 주시니 얼마나 감사한지 모르겠습니다만, 저는 멸망한 가야 출신입니다. 그런 제가 어떻게 감히 신라의 대장군이 될 수 있겠습니까? 많은 신하들이 반대할 것입니다."

"그까짓 신분이 뭐가 중요하단 말입니까? 신분보다 더 중요한 것은 능력입니다. 그놈의 신분 타령을 하다가 나라가 망해야 다들 정신을 차리겠습니까?"

선덕 여왕은 목소리를 높여 힘주어 말했어.
"당신이 누구보다 용맹하고 지혜롭다는 걸 알고 있습니다. 그 능력을 신라를 위해 써 주세요."
"감사합니다. 소신이 죽는 날까지 충성을 다하겠습니다."
선덕 여왕의 단호한 믿음에 김유신 장군은 가슴에서 뜨거운 눈물이 흘러내리는 것 같았어. 자신의 능력을 믿어 주는 그 마음에 보답하고 싶었지.
"지금부터 군사를 새롭게 정비하여 백제와 고구려의 공격을 효과적으로 막고 때를 보아 삼국을 통일하여 하나로 만듭시다!"
선덕 여왕은 궁궐의 살림을 줄이고 허투루 사용되는 돈을 아껴 군사력을 키우기 위한 지원을 아끼지 않았어. 그녀의 뒷받침을 바탕으로 김유신 장군은 가혜성, 성열성 등 백제의 7개 성을 공격하여 빼앗았지.
물론 백제의 의자왕도 가만히 손을 놓고 당하지만은 않았어. 당나라의 태종이 고구려를 공격하면서 신라에 군사를 요구했다는 소식을 듣고 군사력이 흩어진 틈을 타 신라를 공격해 7개의 성을 빼앗았거든. 하지만 신라는 김유신 장군을 중심으로 힘을 모아 반격에 나섰지.
이렇게 밖으로 백제와 신라 간의 싸움이 끊이질 않는 가운데 왕실 내부의 문제도 선덕 여왕을 힘들게 했어.
'왕위를 넘겨줄 후계자를 하루빨리 정해야 할 텐데…….'
병으로 자리에 누운 선덕 여왕은 고민이 많았어. 결혼은 했으나 자식이 없었던 그녀는 결국 사촌 동생인 승만 공주를 후계자로 정했지.

이 소식이 전해지자 선덕 여왕이 왕위에 오를 때에도 마땅치 않게 여겼던 귀족들은 가만히 있질 않았어. 특히 왕이 될 기회를 엿보고 있던 비담은 여왕을 반대하던 귀족 세력을 모아 그들을 더 부추겼지.

"염종, 이제 더 이상은 여왕을 모실 수가 없소. 그렇지 않은가?"

"맞습니다. 더 이상 여자에게 왕위를 내어 줘서는 안 됩니다."

비담의 의견에 염종이 맞장구를 쳤어.

"지금 나라 꼴을 보시오! 여왕이 나라를 다스리니 이렇게 전쟁이 끊이질 않고 백성들이 힘든 것 아니겠소."

둘은 선덕 여왕을 반대하는 세력들을 모아 반란을 일으켰어.

"온 나라가 힘을 하나로 모아도 외세의 침략을 막기 힘든 판에 내란이라니요. 어찌 이럴 수 있단 말입니까?"

선덕 여왕은 나라의 앞날은 생각하지 않고 권력을 차지하는 데만 눈이 먼 귀족들의 모습에 치를 떨었어.

"어쩔 수 없군요. 어서 김유신 대장군을 불러오세요!"

선덕 여왕의 명령에 국경 지역에 가 있던 김유신 장군이 돌아와 군사를 이끌고 반란군에 맞서 싸웠어. 월성을 장악한 김유신 장군은 명활산성에 진영을 갖춘 비담의 반란군을 약 10여 일 만에 진압했지. 하지만 반란군을 소탕했다는 소식을 듣지 못한 채 병석에 있던 선덕 여왕은 숨을 거두었어.

"삼국을 꼭 통일해야 합니다. 크고 부강한 나라를 만들어 백성을 위하고, 찬란한 문화를 꽃피워 주세요."

백성들을 위해 삼국 통일이라는 큰 뜻을 품었지만, 그걸 이루지 못하고 눈을 감아야만 하는 것이 마음에 걸렸던 선덕 여왕은 죽는 그 순간까지도 나라를 걱정하는 마음뿐이었어.

선덕 여왕이 세상을 떠났다는 소식을 들은 백성들은 큰 슬픔에 잠겼어. 어머니같이 자신들을 보살펴 주던 여왕의 죽음을 쉽게 받아들일 수 없었기 때문이야.

우리나라에는 선덕, 진덕, 진성 이렇게 단 3명의 여왕이 있었는데 모두 신라의 여왕이었어. 그중 선덕 여왕은 신라 제27대 왕으로 16년 동안 나라를 다스리면서 어려운 백성들을 잘 돌보고 삼국 통일의 기반을 마련하여 우리나라를 대표하는 여왕으로 인정받고 있어. 게다가 그녀가 남긴 건축물은 역사에 길이 남을 유산으로 여겨지지. 그런 까닭에 선덕 여왕은 첫 번째 여왕이라는 이유로 어려운 일도 많이 겪었지만, 이를 잘 극복한 가장 지혜로운 여왕이었다고 평가받고 있어.

경주시 보문동 낭산 보호 구역에 있는 선덕 여왕의 능. 여왕 자신이 죽을 날짜와 묻힐 곳을 예견했다는 설화가 남아 있는 곳이야.

신라와 선덕 여왕

1. 신라의 신분 제도인 '골품제'

'골품제'는 왕족이었던 '골' 신분과 지방의 우두머리 세력 출신인 '두품' 신분으로 이루어져 있어. 골 신분은 성골과 진골 세력으로, 두품 신분은 자신이 가졌던 세력의 크기에 따라 6두품에서 1두품까지 나뉘었지.

골품은 태어나면서부터 결정되어서 신라 사람들의 모든 생활에 영향을 미쳤는데, 골품에 따라 오를 수 있는 관직에 한계가 있었으며 같은 신분끼리만 결혼하도록 했어. 게다가 옷차림, 사용하는 그릇, 사는 집의 규모까지도 정해져 있었다고 해.

(한 자는 약 30.3cm에 해당함.)

골품	진골	6두품	5두품	4두품
가옥 크기의 상한선	24자	21자	18자	15자

2. 선덕 여왕 때 만들어진 신라의 유명한 건축물

- **첨성대** : 동양에서 가장 오래된 천문 기상 관측대로, 9.5m 정도 높이의 원통형이야. 가운데 있는 창을 통해 사람이 오르내리며 하늘을 관찰하고 그렇게 얻은 정보를 분석하여 농사 지을 시기를 결정했다고 해. 농사가 국가 경제의 바탕이었던 당시로서는 천문 기상 관측이 정말 중요했다는 사실을 엿볼 수 있어.

국보 제31호인 경주 첨성대

- 분황사 석탑 : 돌을 벽돌 모양으로 다듬어 쌓아 올린 탑으로, 크기가 클 뿐만 아니라 주위의 조각상들이 섬세하고 아름다워 예술적으로도 높은 평가를 받고 있어. 원래 9층이었다는 기록이 있으나, 아쉽게도 지금은 3층만 남아 있어.

분황사 석탑

- 황룡사 9층 목탑 : 높이가 무려 80 m 정도로, 약 30층 빌딩 정도의 높이였다고 해. 9층은 주변 9개 나라를 의미하는 것으로, 이들의 침입을 부처님의 힘으로 막아 내겠다는 뜻이 담겨 있지. 하지만 안타깝게도 고려 시대에 몽골의 침입을 받았을 때 불에 타 사라졌어.

선덕 여왕은 위와 같이 크고 높은 건축물을 세우면서 왕권의 건재함을 과시하고 외세의 침입에 맞서 백성들의 힘을 하나로 모으고자 노력했어.

3. 진덕 여왕과 진성 여왕은 누구일까?

진덕 여왕은 제28대 왕으로, 사촌인 선덕 여왕의 뒤를 이어 신라를 다스렸어. 성골 출신으로는 마지막 왕이었지. 아름다운 외모에 키가 크고 팔이 길었다는 기록이 남아 있으며, 그녀가 신라를 다스린 7년 동안 외교나 정치면에서는 김춘추가, 군사면에서는 김유신이 큰 활약을 했다고 해.

진성 여왕은 제51대 왕으로, 우리나라의 마지막 여왕이야. 그녀가 신라를 다스렸던 10년 동안은 진골 귀족들의 왕위 다툼이 심해 사회가 매우 혼란스러웠어. 게다가 큰 흉년마저 들어 대규모 농민 반란도 일어났지. 진성 여왕은 신라의 위기를 극복하지 못하고 스스로 왕위에서 물러났어.

🌸 선덕 여왕과 모란꽃 이야기

당나라에서 선덕 여왕이 덕만 공주였던 시절 모란꽃이 그려진 그림과 씨앗을 보내왔는데, 그림을 본 그녀가 "아름다운 꽃이지만, 향기가 없네요."라고 말했대. 실제로 핀 꽃에는 향기가 없었지. 어떻게 그림만 보고 그것을 알았는지 신하들이 묻자, 그녀는 "꽃을 그렸는데, 벌이 없잖아요?"라고 대답했다고 해. 선덕 여왕의 지혜로움을 보여 주는 모란꽃 이야기는, 고려 시대의 승려 일연이 쓴《삼국유사》에 남아 있어.

모란도

🌸 김유신과 김춘추의 동맹을 선덕 여왕이 도왔다고?

삼국 통일에 큰 역할을 한 김유신과 김춘추의 동맹 관계는 김유신의 여동생 문희와 김춘추가 혼인하면서 더욱 견고해졌어. 그렇게 되기까지 선덕 여왕의 도움이 컸다고 해.

김유신 장군 동상

문희가 김춘추의 아이를 몰래 가지자 김유신은 가문의 명예가 더럽혀졌다며 나뭇단에 불을 붙여 동생을 태우려고 했어. 길을 지나다 연기를 본 선덕 여왕이 문희를 구하라고 명령한 뒤 다방면으로 애를 써서 신분 차이가 나던 두 사람이 정식으로 혼례를 치를 수 있었어.

세상에서 가장 특별한 여왕 이야기

3

옷으로 여성을 자유롭게 한 패션의 여왕
코코 샤넬

코코 샤넬은 불우한 어린 시절을 딛고
전 세계인들의 사랑을 받는 패션 디자이너가 되었어.
그녀는 기존의 틀을 벗어난 창의적인 생각으로
옷으로부터 여성을 자유롭게 한 디자인을 만들었지.
그녀의 디자인 철학이 담긴 샤넬 브랜드가
시대를 뛰어넘어 많은 사람들의 사랑을 받는 까닭을 살펴볼까?

주렁주렁한 레이스와 딱딱한 코르셋에 갇혀 힘겨워하던 여성들의 몸에 자유를 주었던 가브리엘 샤넬. 그녀는 제1차 세계 대전 전후로 전 세계 패션계를 이끌었던 여왕이자 혁명가였어.

"이곳에 얌전히 있으면 아빠가 금방 데리러 올게. 원장 수녀님 말씀 잘 듣고 있어야 한다. 알았지?"

아빠가 마지막으로 그녀의 얼굴을 보고는 고개를 숙인 채 보육원을 빠져나가자 샤넬은 한동안 아무 말도 없이 아빠의 뒷모습만을 눈으로 쫓았어. 엄마를 잃은 슬픔이 가시기도 전에 아빠와도 떨어지게 된 일은 12살의 어린 샤넬이 견디기엔 너무나도 힘든 일이었거든. 그렇게 멍하니 있던 샤넬에게 원장 수녀님이 다가왔어.

"샤넬이라고 했니?"

"네. 가브리엘 샤넬이에요."

낯선 보육원에 맡겨진 샤넬은 새로운 환경에 적응하기보다는 날마다 대문 밖으로 난 길을 하염없이 바라보며 아빠를 기다렸어.

'오늘은 오실까? 금방 데리러 온다고 했는데······.'

그러나 그렇게 기다리던 아빠는 한 달이 지나도록 오지 않았어.

"샤넬, 그렇게 하루 종일 넋 놓고 앉아 있지 말고 바느질이라도 좀 배워 보는 게 어떠니?"

아빠만 기다리며 허송세월하는 샤넬이 딱했던 원장 수녀님이 넌지시 권했어. 보육원에서는 여러 가지 직업 교육을 가르치고 있었는데 바느질도 그중 하나였지.

"샤넬, 너도 해 봐. 시간도 잘 가고 좋아. 난 바느질을 열심히 배워서 돈을 많이 벌 거야."

같은 나이의 여자애가 부추기자 샤넬은 마지못해 다가가 앉았어.

"자, 이렇게 네가 마음에 드는 실을 바늘에 꿰어서 매듭을 지어 보렴. 가장 기본인 홈질부터 시작해 보자꾸나."

샤넬은 바느질을 가르치는 선생님이 시키는 대로 따라해 보았어.

"어머나! 잘하네. 솜씨가 좋은걸."

샤넬이 한 홈질을 보고 선생님이 칭찬하자, 그녀는 보육원에 들어온 뒤 처음으로 환한 웃음을 보였어.

샤넬은 바느질을 배우면서 여러 가지 색깔의 실과 다양한 옷감에 마음을 빼앗겼어. 바느질을 배워 예쁜 옷을 마음껏 만들어 입고 싶은 마음에 기분이 들뜨기도 했지. 그렇게 샤넬은 자신이 살아갈 이유를 찾았다는 듯이 바느질을 배우는 데 빠져들었고, 옷감을 고르는 방법이나 마름질하는 기술도 빠르게 익혀 나갔어. 어떤 날은 밥을 먹는 것도 잊을 만큼 매달리기도 했지.

"샤넬, 네 솜씨가 정말 놀랍구나. 배우기 시작한 지 얼마 되지도 않았는데……. 이 정도라면 일자리를 구할 수 있겠어."

다른 친구들보다 바느질을 늦게 시작했음에도 훨씬 빨리 배운 샤넬은 봉제 공장에 취직해서 열심히 일했어.

"자, 이 견본 대로 빨리 만들도록 해."

공장장이 가져다준 견본을 유심히 살펴보던 샤넬은 고개를 갸웃거렸어.

"이렇게 치마 길이를 길게 하는 것보다 한 뼘 정도 짧게 하면 훨씬 예쁠 것 같은데요."

공장장은 기막히다는 듯이 헛웃음을 치며 무뚝뚝하게 대꾸했어.

"네까짓 게 뭘 안다고 나서는 거야? 네 의견 따위는 중요하지 않으니까 그럴 시간 있으면 시키는 대로 빨리 하기나 해!"

공장장에게 의견을 무시당한 샤넬은 얼굴을 붉히며 생각했어.

'빨리 내 가게를 열고 싶어. 그래서 누군가가 시키는 대로 만드는 것이 아니라 내 마음대로 만들 거야.'

목표가 생긴 샤넬은 더욱더 일에 열중했고 1910년, 파리에 여성 모자를 파는 작은 의상실을 내면서 디자이너로서의 인생을 시작했어. 1913년에는 휴양지로 유명한 도빌에도 의상실을 열었지.

"뭘 그렇게 유심히 보세요?"

남성용 속옷을 계속 쳐다보는 샤넬을 이상하게 여긴 조수가 물었어.

"이 아까운 천을 왜 속옷에만 사용하는지 모르겠어. 이 천이라면 편하고 멋진 겉옷도 만들 수 있을 텐데."

샤넬이 디자인한 저지로 만든 옷

샤넬은 보잘것없는 천으로 취급을 받던 '저지'를 새로운 시각으로 바라보았어. 가볍고 구김이 잘 가지 않으며 신축성이 뛰어난 저지로 겉옷을 만들자 날개 돋친 듯 팔려 나갔지.

'지금 여자들이 입는 옷들은 활동하기에 너무 불편해. 몸에 꼭 끼는 코르셋도 입어야 하니 답답하고…….'

샤넬은 활동하기 편하면서도 여성스럽고 우아한 옷을 만들고 싶어서 고민을 거듭했어. 다양한 디자인을 그려 보다가 그중 가장 마음에 들고 자신이 입고 싶은 디자인으로 옷을 만들었지.

"어머나! 정말 멋져요. 어떻게 이런 생각을 다 하셨어요?"

샤넬이 만든 옷을 본 사람들은 감탄했어. 활동하기 편하도록 스커트 길이와 폭을 줄인 디자인은 여성들을 옭아매던 드레스와는 거리도 멀고 획기적이었거든.

"옷은 자신을 표현하는 수단인데 아름다우면서도 편하게 입을 수 있다면 더 좋지 않겠어요?"

샤넬은 옷을 만들 때면 가슴이 뛰었어. 어떻게 하면 더 편하고 멋진 옷을 만들 수 있을까 늘 고민했고, 주변의 모든 것에서 힌트를 얻어 디자인했어. 어느 날은 샤넬이 친구들과 해변을 걷고 있을 때였지.

"바로 저거야!"

함께 있던 사람들은 무슨 영문인지 몰라 고개를 갸우뚱했지만, 샤넬은 그 길로 의상실에 돌아와 옷을 만들기 시작했어. 이 때 만들어진 세일러 칼라를 붙인 블라우스는 해변에서 본 해군복에서 영감을 얻은 거야. 샤넬의 탁월한 감각이 담긴 옷은 최고 유행 패션으로 큰 인기를 끌며 비싼 값에 팔려 나갔어. 그렇지만 지칠 줄 모르는 그녀는 끊임없이 새로운 옷을 만들어 내면서도 만족하지 않았지.

"이 옷 좀 봐요. 어때요?"

샤넬은 남성들이 운동할 때나 입던 옷으로 따뜻하면서도 여성스러운 스웨터와 편하고 활동이 자유로운 여성용 바지를 선보였어.

"세상에!"

남성 노동자들이 입던 작업복에서 생각해 낸 주머니가 있는 스웨터는 여성들의 두 손을 자유롭게 해 주었고, 바지는 행동을 제약하는 긴 치마에서 여성들을 해방시켰지. 단순한 디자인이었지만 활동적이면서 아름다웠고 바느질과 마무리가 잘되어 있어 입는 이들마다 극찬을 아끼지 않았어.

또한 샤넬은 검은색에 대한 편견을 깼어. 검은색 드레스는 당시에 상복이나 점원들이 입던 옷이었지만, 샤넬은 검은색의 우아함을 살려 깃과 단추도 없는 단순하고 편리한 드레스를 만들었어. 이 드레스는 '리틀 블랙 드레스'로 불리며 큰 인기를 얻었지.

샤넬은 만드는 옷마다 대성공을 거두면서 대도시에 더 큰 상점을 열고 사업적 성공을 맛보았어. 인기 여배우나 사교계의 여성들은 샤넬의 옷을 입기 위해 줄을 서서 기다릴 정도였지.

"그 영화 주인공이 입었던 옷을 샤넬이 만들었다는 거지?"

샤넬이 할리우드 여배우들의 옷을 만들면서부터 그녀의 영향력은 전 세계 패션계를 좌우할 정도로 커졌어.

"사장님, 큰일 났어요. 지금 미국에서 사장님의 디자인을 베껴 만든 옷들이 불티나게 팔리고 있대요. 이제 저희는 어쩌죠?"

어느 날, 직원이 흥분하며 전하는 말에 샤넬이 태연하게 대꾸했어.

"그런 일은 신경 쓰지 마세요. 우리 옷을 따라서 한다는 건 그만큼 우리 옷이 매력적이라는 거 아니겠어요? 그냥 내버려 두세요. 오히려 좋은 효과를 가지고 올 테니까."

직원은 이해할 수가 없었어. 디자인을 베낀 옷들이 잘 팔린다는데 오히려 좋은 효과를 가지고 올 거라니……. 그런데 정말 샤넬의 예상대로 미국에서의 일은 좋은 기회가 되었어. 샤넬이라는 브랜드는 저절로 홍보가 되어 더욱더 유명해졌고, 진짜 샤넬 옷은 희소성 때문에 그 가치를 더할 수 있게 된 거야. 샤넬의 이런 자신감은 늘 연구하는 자세에서 나왔다고 할 수 있어.

'시대가 변하고 있어. 이젠 여성도 집에만 있는 시대가 아니야. 시대에 맞게 옷도 달라져야 해.'

산업이 발달하고 여성의 학력이 높아지면서 직업을 갖는 경우가 늘자 샤넬은 그런 사회 현상을 읽어 내고 그에 어울리는 옷들을 만들려고 노력했어. 활동하기에 편안한 옷을 만들기 위해 필요 없는 장식들을 없애다 보니 옷이 단순해졌지. 사람들은 그런 옷에 열광했지만, 그녀 자신은 만족하지 못하고 노력을 멈추지 않았어.

'내가 만든 옷은 단순한 디자인이 대부분이야. 단순한 옷을 우아하게 입으려면 어떻게 하는 것이 좋을까?'

샤넬은 자신의 디자인을 보완하기 위해 생각을 거듭하다 액세서리를 만들기 시작했어. 단순한 옷에 액세서리로 멋을 내게 한 것이었지. 모조 보석이 달린 장신구, 향수, 신발, 가방 등 그녀는 단순히 옷뿐만 아니라 종합적인 패션을 창조하고자 하였어.

그런 노력 덕분이었을까? 결국 샤넬의 의상실은 약 4천 명의 직원을 거느릴 만큼 큰 규모로 성장했고, '샤넬'의 수장인 가브리엘 샤넬은 패션계의 여왕으로 굳건히 자리매김하게 되었어.

게다가 샤넬은 단순히 패션계에서만 유명한 사람이 아니었어. 그녀는 피카소, 달리, 스트라빈스키, 헤밍웨이 등 분야를 가리지 않고 수많은 문화계 인사들과 어울렸고, 힘겹게 활동하는 예술가들을 후원하기도 했지. 그녀는 유럽의 문화 수도였던 파리에서 문화·예술계를 넘나들며 활발하게 활동했어.

1954년, 제2차 세계 대전의 영향으로 패션 사업을 중단한 지 15년 만에 샤넬은 70세의 나이로 다시 패션쇼를 열었어. 여러 나라에서 온 디자이너, 잡지 편집자, 사진가, 작가, 배우 등 다양한 인물들이 숨죽여 샤넬의 패션쇼를 기다리고 있었지. 샤넬이 패션계로 돌아왔다는 사실 자체가 큰 사건이었어. 주간지 《뉴요커》는 그날의 샤넬에 대해 이렇게 묘사했어.

「감각이 살아 있는 용모, 암갈색 눈, 빛나는 미소, 결코 막을 수 없이 뿜어져 나오는 생기, 그녀는 20살 여인이었다. 코코 샤넬이라는 살아 있는 전설이 부활하는 순간이었다.」

 15년 만의 패션쇼를 시작으로 샤넬은 전성기였던 1920년대와 다름없이 나이를 잊고 활발하게 활동했어. 1955년에는 미국에서 〈과거 50여 년간 큰 영향력을 가진 패션 디자이너〉로 뽑혀 모드 오스카 상을 받기도 했지.
 "패션은 단순히 옷차림에만 있는 그 무엇이 아닙니다. 패션은 바람과 같고 우리가 늘 들이마시는 공기나 마찬가지입니다. 그것은 하늘에도 있고 거리에도 있고 우리가 보는 모든 곳에 있습니다."

 평소에 이렇게 말하고 다녔던 코코 샤넬은 진정한 패션 디자이너로, 88세에 또 다른 패션쇼를 준비하다가 숨을 거두었어.
 샤넬은 불우한 어린 시절을 딛고 일어나 패션계에서 개성을 발휘하며 당당히 자신의 삶을 살아갔지. 기존의 틀을 벗어난 창의적인 생각으로 오늘날까지 사랑받는 '샤넬'이라는 브랜드를 성공시켰던 샤넬은 일하지 않는 일요일을 가장 견디기 힘들어 했을 만큼 지칠 줄 모르는 열정으로 살다 간 천재적인 디자이너였던 거야.

패션 디자인과 샤넬

1. 패션 디자이너가 하는 일은 무엇일까?

패션 디자이너는 옷감, 가죽 등 여러 가지 소재를 이용하여 남성복, 여성복, 아동복 등 다양한 옷을 멋있고 기능이 좋게 만드는 계획을 그림으로 나타내는 사람이야.

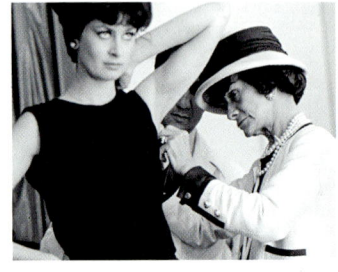

리틀 블랙 드레스를 입은 모델의 옷 매무새를 다듬는 패션 디자이너 샤넬

먼저 패션 디자이너는 자신의 머릿속에 떠오른 옷의 형태를 어떻게 재단할까 고민하면서 스케치를 해. 그 후 옷감과 무늬를 고른 후 여러 번 견본을 만들어 보면서 원하는 디자인 대로 옷이 나올 때까지 수정을 거듭하지. 샤넬 역시 뛰어난 창의력과 몸에 배인 스케치 습관을 바탕으로 끊임없이 노력하면서 세계가 주목할 만한 디자인을 창조할 수 있었던 거야.

2. 제1차 세계 대전이 패션계에 끼친 영향

패션이라는 것은 지역 및 시대와 밀접한 관계를 가지고 있어. 1914년에 시작된 제1차 세계 대전 역시 패션계에 큰 영향을 끼쳤지. 세계 대전이 일어나자 많은 남성들이 전쟁에 참여하게 되었고, 이전까지 남성들이 주로 하던 일은 남아 있는 여성들의 차지가 되었어. 전쟁을 계기로 여성들의 사회 활동이 활발해지면서 편안함이 옷을 선택하는 데 있어 중요한 기준이 되었지. 여성의 시각에서 실용성과 편리함을 강조한 샤넬의 옷은 시대 상황과 잘 맞아떨어지면서 크게 유행하게 된 거야.

3. 샤넬의 대표적인 아이템들에는 어떤 것이 있을까?

샤넬은 패션의 범위를 넓힌 디자이너로 오늘날까지 큰 사랑을 받고 있어. 그런 그녀의 대표적인 패션 아이템들을 몇 가지 살펴볼까?

첫 번째로, 두 개의 'C'가 서로 등을 대고 겹쳐져 있는 모양의 샤넬 로고를 들 수 있어. 샤넬의 애칭이었던 '코코'의 앞 철자만 따라서, 장교들의 제복에 달린 둥근 금빛 버튼의 모양을 본떠 만들어 낸 거래.

샤넬 로고와 가브리엘 샤넬

두 번째로, 샤넬이 가장 좋아했던 동백꽃도 대표적인 아이템 중 하나야. 그녀가 만든 옷에 많이 달려 있었던 동백꽃 브로치는 꽃잎을 사람이 직접 손으로 만들었기 때문에 제작에 오랜 시간이 걸렸다고 해.

세 번째로, 샤넬 라인을 꼽을 수 있어. 샤넬 라인은 무릎 아래로 5~10㎝ 내려온 치마 길이를 말해. 샤넬이 치렁치렁한 이전의 치마를 잘라 버린 길이에서 생겨난 말이야. 오늘날까지도 여성의 다리가 길고 날씬해 보이는 최적의 치마 길이로 여겨지고 있지.

마지막으로 체인 백을 들 수 있어. 샤넬은 여성들의 가방에 체인을 달아 어깨에 매는 백을 만들면서 여성들의 손을 자유롭게 했어.

샤넬 체인 백

샤넬 라인 치마와 구두

🌸 샤넬은 왜 향수 이름에 숫자를 붙였을까?

전 세계를 통틀어 30초마다 한 병씩 팔린다는 '샤넬 넘버 5'는 향수의 대명사처럼 여겨지고 있어. 그녀는 왜 향수 이름에 숫자를 넣었을까? 샤넬은 향수 전문가인 에르네스트 보에게 향수 제작을 의뢰하면서 1부터 5까지, 20부터 24까지의 숫자가 붙은 샘플을 요구하였고, 이 가운데 5번 샘플의 향을 선택했어. 에르네스트 보가

샤넬 넘버 5

향수의 이름을 무엇으로 할지 묻자, 샤넬은 '넘버 5'라고 대답했대. 샤넬은 숫자 5를 자신의 행운의 숫자라고 여겨서 향수를 사람들에게 대대적으로 선보인 날도 5월 5일로 정할 정도였지.

🌸 샤넬은 왜 프랑스를 떠나 망명 생활을 했을까?

1939년 제2차 세계 대전이 시작되자 샤넬은 깜봉 거리에 있는 매장의 문을 닫고 피신하였어. 하지만 파리가 독일군에게 점령당했을 때 샤넬은 독일군 장교와 연인 관계였고, 그를 도와 첩보 활동을 했다고 해. 연합군의 승리로 제2차 세계 대전이 끝난 후 샤넬의 반국가적 행위가 드러나자 프랑스 사람들은 분노했어. 샤넬은 조국 프랑스를 배신한 죄로 재판을 받게 되었지. 비록 하루 만에 풀려나기는 했지만, 프랑스를 대표하는 패션 디자이너였던 그녀는 정부의 권유에 따라 스위스에서 망명 생활을 할 수밖에 없었다고 해.

세상에서 가장 특별한 여왕 이야기

4

중국 역사상 유일무이한 여황제
무측천

중국 당나라 고종의 황후에서 스스로 나라를 세우고
황제의 자리에 오를 만큼 무측천은 권력욕이 강했다고 해.
자그마한 여성의 몸으로 중국 대륙을 다스리면서
공포 정치를 펼쳤지만, 백성들의 생활은
그 어느 때보다 안정되고 풍요로웠다는데…….
그녀가 그렇게 평가받는 까닭을 한번 살펴볼까?

"태종께서 숨을 거두셨대. 이제 우린 어떻게 되는 걸까?"
당나라 황실의 관습에 따라 아이를 갖지 못한 태종의 여자들은 모두 여승이 되어 감업사로 가야 했어. 14살에 후궁이 되어 황궁에 들어갔던 무조도 피할 수 없는 일이었지.
'이건 내가 꿈꾸던 인생이 아니야.'
자신의 의지와 상관없이 흘러가는 현실을 받아들일 수 없었던 무조는 고개를 흔들었어.
"관습이 그런 걸 어쩌겠어요?"
황궁에서 함께 감업사로 들어온 후궁들은 체념하듯 말했지만, 무조는 부당한 조치라며 크게 반발했어.

"이런 관습은 이치에 맞지 않아요. 자기가 노력한 만큼의 결과를 얻을 수 있어야 정당한 거라고요!"

무조는 인정하고 싶지 않았어. 누군가에 의해서 자신의 인생이 결정된다는 것이 너무나도 억울했지.

그렇게 감업사에 갇혀 지내게 된 무조에게 어느 날 기적 같은 일이 벌어졌어. 태종의 뒤를 이은 고종의 황후 왕 씨가 사람을 보내 무조를 다시 황궁으로 데리고 오라고 했다는 거야. 고종의 사랑을 독차지하는 소 숙비를 견제하기 위해서였지.

"무조야, 나는 황제께서 황태자 시절부터 널 예뻐하셨던 것을 기억하고 있단다. 다시 머리를 기르고 지금부터 나와 함께 황제를 모시는 일에 부족함이 없도록 하거라!"

다시는 황궁 밖으로 힘없이 쫓겨나지 않겠다고 독하게 마음먹은 무조는 예쁘고 총명한 자신의 매력을 발휘하여 고종의 큰 사랑을 받았어. 아들 넷에 딸 둘을 낳으며 소의로까지 지위를 높이고 왕 황후와 힘을 합하여 소 숙비를 쫓아내고는 황궁 안 사람들도 하나, 둘 자기편으로 만들어 나갔지. 하지만 무 소의는 그것만으로 만족할 수 없었어.

'왕 황후만 없다면 내가 황후가 될 수 있을 텐데…….'

황후의 비위를 맞추는 일도, 황후의 측근인 왕씨들이 높은 관직을 차지하고 권력을 휘두르는 것도 못마땅했거든.

"온통 왕씨들이 설치고 있으니 도대체 이건 누가 다스리는 나라인지 모르겠소. 저들의 오만한 태도를 더 이상은 건디기가 힘들군."

신하들도 저희들끼리 모이면 황후의 가문에 대해 흉보고는 했어.

그러던 어느 날, 무 소의가 자리를 비운 사이 왕 황후가 무 소의의 둘째 딸을 보고 갔는데, 공교롭게도 아기가 죽은 채 발견되었어.

"어떻게 이런 일이 있을 수 있단 말이오!"

딸을 마지막으로 본 이가 황후였다는 말을 들은 고종은 왕 황후를 의심하였고, 무 소의는 때를 놓칠세라 옆에서 고종을 더욱 부추겼어.

"폐하, 황후께서 폐하를 저주하는 주술 행위를 한다 하옵니다."

황후를 끌어내리기 위해 무 소의는 황후와 그녀의 측근들이 저지른 부정행위 증거들을 모으고 모함도 서슴지 않았어. 황후의 자리를 차지하기 위한 무 소의의 계획에 왕 황후는 황궁 밖으로 쫓겨났고, 결국 그녀가 그 자리를 차지했지.

"황후마마, 감축드립니다."

"고맙습니다. 내 그대들의 수고를 잊지 않겠습니다."

태종의 후궁으로 황궁에 들어온 지 19년 만에 황후의 자리에 오르게 된 측천무후의 눈앞에 그간 겪었던 어려움들이 스쳐 지나갔어. 온갖 고난을 극복하고 황궁 안에서 가장 높은 여인이 된 것이 너무나 기뻤던 측천무후는 최선을 다해 황후의 역할을 해냈지.

"머리가 아프오. 머리가 아파서 도저히 일어나 일을 할 수가 없소."

원래 유약한 성격에 몸까지 약했던 고종은 아침마다 머리를 부여잡으며 고통스러워했어.

"황제께서는 좀 쉬셔야 합니다."

"나랏일은 어쩌고 쉬란 말이오?"

"걱정하지 마세요. 제가 돕겠습니다."

이러지도 저러지도 못하는 고종을 대신하여 측천무후는 나랏일을 맡아보기 시작했어. 처음에는 반신반의하던 고종도 나날이 건강이 나빠지자 그녀에게 전적으로 나랏일을 맡길 수밖에 없었지. 그러자 원래부터 총명하고 당찬 성격에 오랜 황궁 생활로 정치적 안목까지 갖춘 측천무후는 날개를 단 듯 뛰어난 능력을 발휘하기 시작했어. 당나라는 고종이 다스리던 때보다 오히려 안팎으로 안정되고 발전해 나갔지.

'황제께서는 점점 쇠약해지는데 후계 문제는 어떻게 처리할 것이며, 이 나라를 더 잘 다스릴 방법에는 뭐가 있을까?'

자나 깨나 나라를 걱정하던 측천무후는 실권을 장악한 후, 기존의 대신들을 대대적으로 정리하고 능력 있고 패기가 넘치는 새로운 인재들을 기용했어. 대신들의 반발도 만만치 않았지만, 그녀는 권력을 유지하고 강화하기 위해 공포 정치를 펼치며 황궁을 자신의 사람들로 빠르게 채워 나갔지.

"황후마마! 마마……."

"무슨 일입니까?"

"황, 황제 폐하께서……."

고종을 모시던 신하는 창백해진 얼굴로 그녀를 찾아와 황제가 숨을 거둔 사실을 알렸어.

683년, 고종이 죽자 셋째 아들인 이현이 황제의 자리에 올랐어. 하루아침에 남편을 잃은 측천무후는 큰 슬픔에 빠졌지만 넋 놓고 있을 수가 없었어. 아들인 중종이 나랏일을 처리하는 모습을 살폈더니 불안한 것이 한두 가지가 아니었거든. 특히 중종은 옆에서 아무리 조언을 해도 장인어른과 처가의 꼬임에 빠져 말을 안 듣기 일쑤였지.

'이 나라를 이만큼 만들기 위해 얼마나 노력했는데…….'

안타까웠어. 모르는 척하기에는 나라의 앞날이 너무 걱정스러웠지. 결국 그녀는 중종을 쫓아내고 넷째 아들을 황제 자리에 앉힌 뒤 권력을 완전히 휘어잡고는 크고 작은 모든 일들을 직접 처리했어.

'내 아들이라도 믿을 수가 없어. 이 험난한 세상을 스스로 헤쳐 온 나만 믿겠어!'

측천무후는 고심 끝에 넷째 아들마저 황제의 자리에서 끌어내렸어.

물론 측천무후의 행동에 반대하는 대신들도 있었어. 양주 지방의 서경업이 가장 먼저 군사를 일으켜 장안으로 쳐들어왔지만 측천무후는 30만의 진압군을 보내 40일 만에 반란군을 소탕했어. 그리고 반란에 뜻을 같이했던 수많은 대신들을 모두 처형시키고 그들을 대신할 사람들을 새로 뽑았지.

반란을 잠재운 측천무후는 690년 9월, 새로운 나라를 세우고 스스로 황제의 자리에 올랐어. 중국 역사상 유일한 여황제가 된 거야.

"여자는 황제가 될 수 없다는 당나라를 없애고 새로운 나라를 세울 것입니다. 이젠 당나라가 아니라 주나라입니다."

측천무후가 새로운 나라를 세우겠다고 선포하자, 대신들은 깜짝 놀랐지만 그 누구도 반대할 수 없었어. 이미 당나라는 그녀의 손아귀에 있었기 때문에 나라 이름만 바뀌었을 뿐이었거든.

"수도도 장안에서 낙양으로 옮길 것입니다."

67세의 나이로 주나라를 세운 무측천은 거침이 없었어.

"지금까지 좋은 가문에서 태어났다는 이유로 한자리를 차지하고 앉아 놀고먹던 사람들은 더 이상 필요 없습니다. 이젠 가문이 아닌 실력에 따라 유능한 인재를 직접 뽑아 일을 맡기겠습니다."

무측천은 그때까지 제대로 실행되지 않았던 과거 제도를 새롭게 정리했어. 과거를 통해 뽑힌 새로운 세력들은 그녀의 정치적 기반이 되어 주었고 이는 훗날 당나라가 전성기를 맞을 수 있는 기틀을 마련하는 데 큰 도움이 되었어. 유능한 인재들이 곳곳에서 능력을 발휘했거든.

물론 구세대라고 해서 무조건 내쫓은 것은 아니었어. 올바른 정신과 사명감을 가진 관리들은 그대로 기용했지. 대신 게으름을 부리며 비리를 일삼는 관리들에게는 가차 없는 엄벌을 내렸어.

"누구든 비리를 발견하여 고발하는 사람에게는 상을 내리세요. 그러면 편안하게 앉아서 자기 배나 불리던 관리들을 찾아낼 수 있을 것입니다."

그렇게 무측천은 남성 중심의 중국 사회에서 스스로의 힘으로 나라를 세우고 빠르게 안정시켜 나갔어.

무측천은 토지 분배 문제와 세금에 대해서도 백성을 중심으로 다시 손보게 했어. 귀족들이 넓은 토지를 갖지 못하게 하고 백성들이 마음 편하게 농사를 지을 수 있도록 제도를 정비하자 귀족들의 힘은 약화되고 세수입은 늘었지. 게다가 각 지역의 농토가 늘어난 정도나 농사 상황을 기준으로 관리들을 평가하자 농업이 발전하였고 백성들의 생활도 빠르게 안정되었어.

"정치란, 백성이 마음놓고 행복하게 살 수 있도록 돕는 것입니다. 그 일에 최선을 다해 주세요."

무측천이 관리들을 볼 때마다 이렇게 이르며 감독하고 독려하자 정치·경제적으로 나라가 안정되고 백성들의 생활은 풍족해졌어. 나아가 이를 바탕으로 서민 문화까지 발달할 정도였지.

무측천은 다른 황제들과 마찬가지로 국경을 편안하게 하는 것에도 특별히 신경을 써 뛰어난 장수였던 장휴경을 서쪽 국경에 보내 끊임없이 국경을 침범해 오는 토번국을 정벌했어. 그뿐만 아니라 그녀는 군사력을 키우기 위해 자영 농민으로 병사를 채우는 제도를 더욱 발전시켰으며, 능력이 뛰어나다면 신분을 따지지 않고 인정해 주어 군사력을 강화할 수 있는 인재를 확보할 수 있게 하였지.

그렇게 천하제일의 권력을 누리며 나라를 다스리던 무측천 역시 나이가 들자 후계자 문제 때문에 고민에 빠졌어. 황제의 자리를 조카 무승사에게 물려줘 무씨 황조를 이어갈지, 아니면 쫓아냈던 아들을 황제의 자리에 올려 당나라를 다시 잇게 할 것인지 선택해야만 했거든.

'어떻게 하는 것이 진정 나라를 위하는 일이란 말인가?'

후계자 자리를 어떻게 할 것인지 쉽게 결론을 내리지 못하던 무측천이 병이 나 쓰러지자, 대신들은 술렁거렸어.

"지금이야말로 당나라를 복원할 때입니다. 이번이 마지막 기회일지도 몰라요. 무승사가 무씨 황조를 잇게 되면 끝입니다."

주나라, 무씨 황조를 잇는 것에 반대하던 대신들의 뜻을 모아 재상이었던 장간지가 군사를 이끌고 쳐들어와 황궁을 에워싼 채 무측천을 만났어.

"그러지 않아도 당나라를 복원하려 하였습니다. 대신들의 뜻대로 하세요."

무측천이 순순히 승낙하자, 당나라가 복원되어 아들인 중종 이현이 다시 황제의 자리에 올랐어.

병세가 악화되자 무측천은 자식들을 불러 모아 놓고 지긋한 눈으로 한참 동안 그들을 바라보다 말문을 열었어.

"나 또한 한평생 권력을 얻기 위해 노력했지만, 돌아보니 권력이 참 부질없게 느껴지는구나. 너희들은 그러지 않기를 바란다. 황제는 백성을 위해 있는 존재임을 명심하거라. 그리고 내 묘비에는 한 글자도 새기지 않았으면 한다!"

82세의 나이로 생을 마감한 무측천은 고종을 도와 당나라를 다스리고 주나라를 세워 15년 동안 통치한 중국 역사상 유일한 여자 황제로 역사에 기록되어 있지.

 무측천은 황궁에서 살아남기 위해 권력을 탐했고, 권력을 차지한 후에는 자신을 적으로 삼는 이들에게 가혹하게 대했어. 하지만, 백성들의 생활을 안정시키고 나라를 발전시키기 위한 노력을 아끼지 않아서 당나라가 전성기를 맞을 수 있는 발판을 마련했다는 평가를 받고 있어.

당나라와 무측천

1. 당나라는 어떤 나라일까?

당나라는 618년 이연이 세운 후 290년간 20명의 황제가 다스렸던 나라로, 발달한 문물과 제도는 비단길과 바닷길을 통해 전해져 우리나라뿐만 아니라 동아시아의 여러 나라에 영향을 주었어. 또한 정치적·경제적 안정을 바탕으로 문화가 발전하여 '당삼채'라는 화려한 도자기와 이백, 두보와 같은 중국 최고의 시인이 나타난 시기이기도 하지.

세 가지 빛깔의 잿물로 만든 도자기 당삼채

무측천이 태어난 당나라의 수도 장안은 동아시아 문화권의 중심으로, 장안의 시가지에서 오가는 이야기는 아시아는 물론 유럽에까지 전해져 많은 사람들 입에 오르내린다고 하여 '장안의 화제'라는 말이 생겨났대.

2. 당나라 후궁에도 여러 등급이 있다고?

당나라 황실에는 황후 외에도 많은 후궁이 있었고, 이들을 관리하기 위해 여러 등급으로 나누어 다르게 대우했어.

황후는 황제와 마찬가지로 단 한 명이었고, 그 아래로 8급으로 나뉘었는데 측천무후가 처음 태종의 후궁으로 입궁했을 때는 정5품의 재인으로 높지 않은 지위였지. 그러다가 감업사에서 다시 입궁한 그 다음 해에 정2품의 소의로 지위를 높였고, 황궁 안에서 여러 후궁과 경쟁하며 남다른 지략과 처신술을 펼쳐 황후의 자리에까지 오르게 된 거야.

3. '무주의 치'란 무슨 뜻일까?

'무주'는 '주'와 같은 말로, 무측천이 690년에 세워 705년까지 다스린 왕조와 중국 고대 주나라를 구분하기 위해 사용했어. '무주의 치'는 무측천이 나라를 잘 다스려 평온했던 시기를 일컫는 말이야.

당나라 초기는 귀족들 중심의 나라였어. 그런데 무측천은 신분에 관계없이 능력과 자신에 대한 충성심을 기준으로 인재를 뽑아 귀족의 힘을 약화시키고, 과거 제도를 정비하여 황제 중심의 중앙 집권 체제를 강화했지. 덕분에 나라의 제도가 바로 서자 유능한 관리들은 경제와 문화를 발전시키는 데 힘을 쏟았고, 이 모든 것들은 백성의 살림살이를 나아지게 만들었기 때문에 '무주의 치'라는 말이 생겨났다고 해.

4. 무측천의 '무자비'

무자비(無 없을 무, 字 글자 자, 碑 돌기둥 비)는 아무런 글자가 새겨져 있지 않은 비석을 말해. 흔히 묘에 비석을 세울 때에는 죽은 사람의 업적을 새겨 넣어. 그런데 당나라를 다스리고 주나라를 세워 중국 역사상 유일한 여자 황제였던 무측천의 비석에는 왜 아무것도 새겨 있지 않을까? 무측천은 "이룩한 업적이 너무 많아 비석 하나에다 기록할 수 없을 테니 아무것도 새기지 말고 비워 두라."는 유언을 남겼고, 자손들은 유언에 따라 무자비를 세운 거야.

높이 7.58m, 무게 98.9톤인 무측천의 무자비

🌸 무측천의 진짜 이름은 무엇일까?

그녀의 성은 무, 본래 이름은 조(照 비출 조)였고, 죽은 후에는 '측천순성황후'라는 시호를 받았어. 그녀는 황실에 들어가서 신분에 따라 여러 가지 이름으로 바뀌어 불렸어. 태종의 후궁으로 있을 때에는 태종에게 미(媚 아름다울 미)라는 이

무측천

름을 받아서 무미랑이라고 불렸어. 고종의 후궁으로 재입궁했을 때에는 소의라는 신분에 따라 무 소의라고 불렸고, 고종을 대신하여 나랏일을 처리하기 시작할 무렵 고종은 자신을 천황, 측천무후를 천후라고 칭했지. 우리에게 익숙한 측천무후는 시호와 성, 황후라는 신분을 함께 나타내는 칭호야. 오늘날 중국에서는 황제로서 15년간 나라를 다스렸다는 점에 주목해서 무측천이라고 부르고 있어.

🌸 무측천은 우리나라에 어떤 영향을 끼쳤을까?

무측천은 655년 당나라 고종의 황후가 된 뒤 50년 가까이 중국을 실질적으로 다스렸어. 무측천은 대외 정책에도 적극적으로 관여했는데, 특히 백제와 고구려가 멸망하고 신라가 삼국을 통일하는 데 결정적인 역할을 했다고 해. 무측천은 신라의 요청을 받아들여 한반도에 군대를 보냈고, 신라와 연합하여 660년에는 백제를, 668년에는 고구려를 멸망시켰어.

세상에서 가장 특별한 여왕 이야기

5

이집트의 마지막 파라오
클레오파트라

파라오는 고대 이집트의 왕을 이르던 말이야.
이집트 프톨레마이오스 왕조의 마지막 파라오였던
클레오파트라는 미녀의 대명사로 불릴 만한 외모 못지않게
다양한 학문에 능통했고 외교 수완이 좋았어.
강대국 로마로부터 이집트를 지켜 내기 위한
그녀의 노력을 한번 살펴볼까?

프톨레마이오스 12세가 세상을 떠나자 이집트 프톨레마이오스 왕조의 관습에 따라 17살의 클레오파트라와 9살이었던 남동생 프톨레마이오스 13세가 결혼을 하고 부부가 되어 함께 왕위에 올랐어.

하지만 클레오파트라는 곧 왕위를 빼앗긴 채 왕궁에서 쫓겨났지. 오늘도 클레오파트라는 몇 시간째 서성거리며 남동생의 세력에 맞서 싸울 방법을 찾고 있었어.

"그러다가 몸 상하십니다. 좀 쉬시면서 안정을 찾으시죠."

신하가 걱정스러운 표정으로 말했어.

"한시라도 빨리 왕궁으로 돌아가 제자리를 되찾아야 합니다."

클레오파트라의 얼굴에는 근심이 가득했어. 비록 몸은 떨어져 있었지만 마음은 여전히 왕궁에서 벗어나지 못하고 있었지.

"포티우스가 거짓 소문만 내지 않았어도……."

"지난 일입니다. 원망할 시간에 돌아갈 방법을 연구해 봐야지요."

그녀는 신하를 다독이며 대처 방안을 마련하기 위해 고심했어.

남동생 프톨레마이오스 13세의 스승이었던 포티우스와 그의 일당들은 클레오파트라를 몰아내고 어린 왕을 마음대로 조종하고 싶어서 그녀에 대한 헛소문을 퍼트렸었어.

"클레오파트라가 잘못한 일이 많아서 하늘이 노했기 때문에 이렇게 가뭄이 들고 흉년이 계속되는 것입니다. 클레오파트라를 쫓아내지 않으면 이집트는 망합니다!"

포티우스가 만나는 사람마다 이렇게 말하고 다니자 소문은 순식간에 퍼져 나갔어. 그렇지 않아도 몇 년째 흉년이 들어 살기가 어려워진 탓에 여왕에 대한 사람들의 불만도 커졌지.

"물러가라! 흉년이 들게 한 여왕은 물러가라!"

클레오파트라는 억울했지만, 하는 수 없이 잠시 몸을 숨길 수밖에 없었어. 그런데 얼마 지나지 않아 뜻밖의 기회가 그녀에게 찾아왔어.

"여왕 폐하, 카이사르가 지금 이집트에 머무르고 있답니다!"

왕궁의 상황을 살피고 온 신하가 말했어.

"로마의 장군 카이사르 말입니까?"

"네, 폐하!"

"포티우스의 눈을 피해 카이사르를 만날 수만 있다면 도움을 청할 수 있을 거예요."

고민하던 클레오파트라는 신하에게 최고급 양탄자를 구해 오도록 시켰어. 신하가 양탄자를 구해 오자 그 속에 들어가 누웠지.

"아니, 여왕 폐하! 무슨 일이십니까?"

신하가 깜짝 놀라 물었어.

"어서 단단하게 포장을 해서 카이사르 장군에게 갖다 주세요."

신하는 여왕의 지혜에 감탄하며 시키는 대로 했어.

"여기, 이집트의 특별한 선물을 가지고 왔습니다."

카이사르에게 클레오파트라가 숨은 양탄자를 갖다 바치자 카이사르는 고개를 갸우뚱하며 신하에게 선물을 풀어 보라고 시켰어.

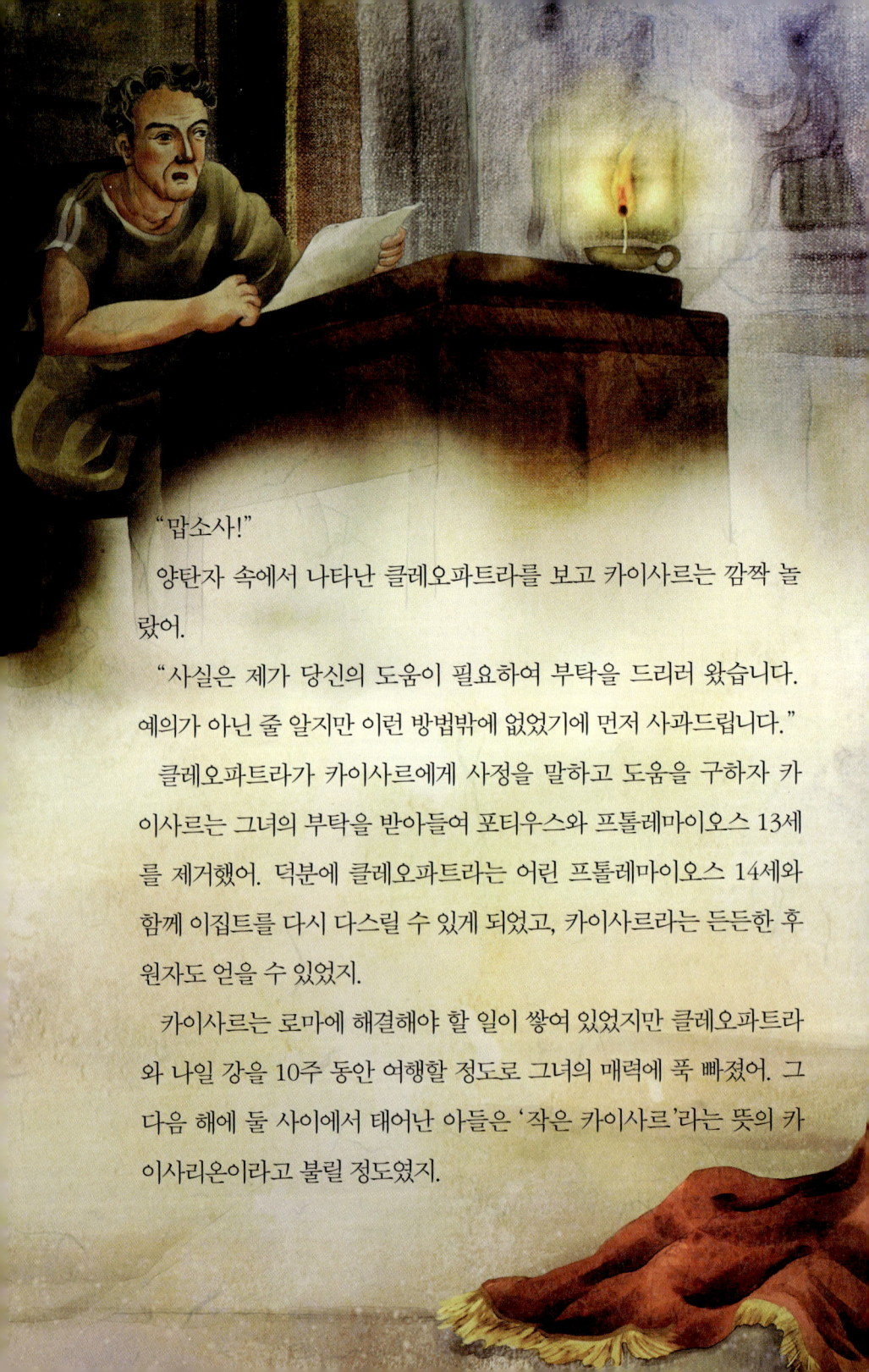

"맙소사!"

양탄자 속에서 나타난 클레오파트라를 보고 카이사르는 깜짝 놀랐어.

"사실은 제가 당신의 도움이 필요하여 부탁을 드리러 왔습니다. 예의가 아닌 줄 알지만 이런 방법밖에 없었기에 먼저 사과드립니다."

클레오파트라가 카이사르에게 사정을 말하고 도움을 구하자 카이사르는 그녀의 부탁을 받아들여 포티우스와 프톨레마이오스 13세를 제거했어. 덕분에 클레오파트라는 어린 프톨레마이오스 14세와 함께 이집트를 다시 다스릴 수 있게 되었고, 카이사르라는 든든한 후원자도 얻을 수 있었지.

카이사르는 로마에 해결해야 할 일이 쌓여 있었지만 클레오파트라와 나일 강을 10주 동안 여행할 정도로 그녀의 매력에 푹 빠졌어. 그 다음 해에 둘 사이에서 태어난 아들은 '작은 카이사르'라는 뜻의 카이사리온이라고 불릴 정도였지.

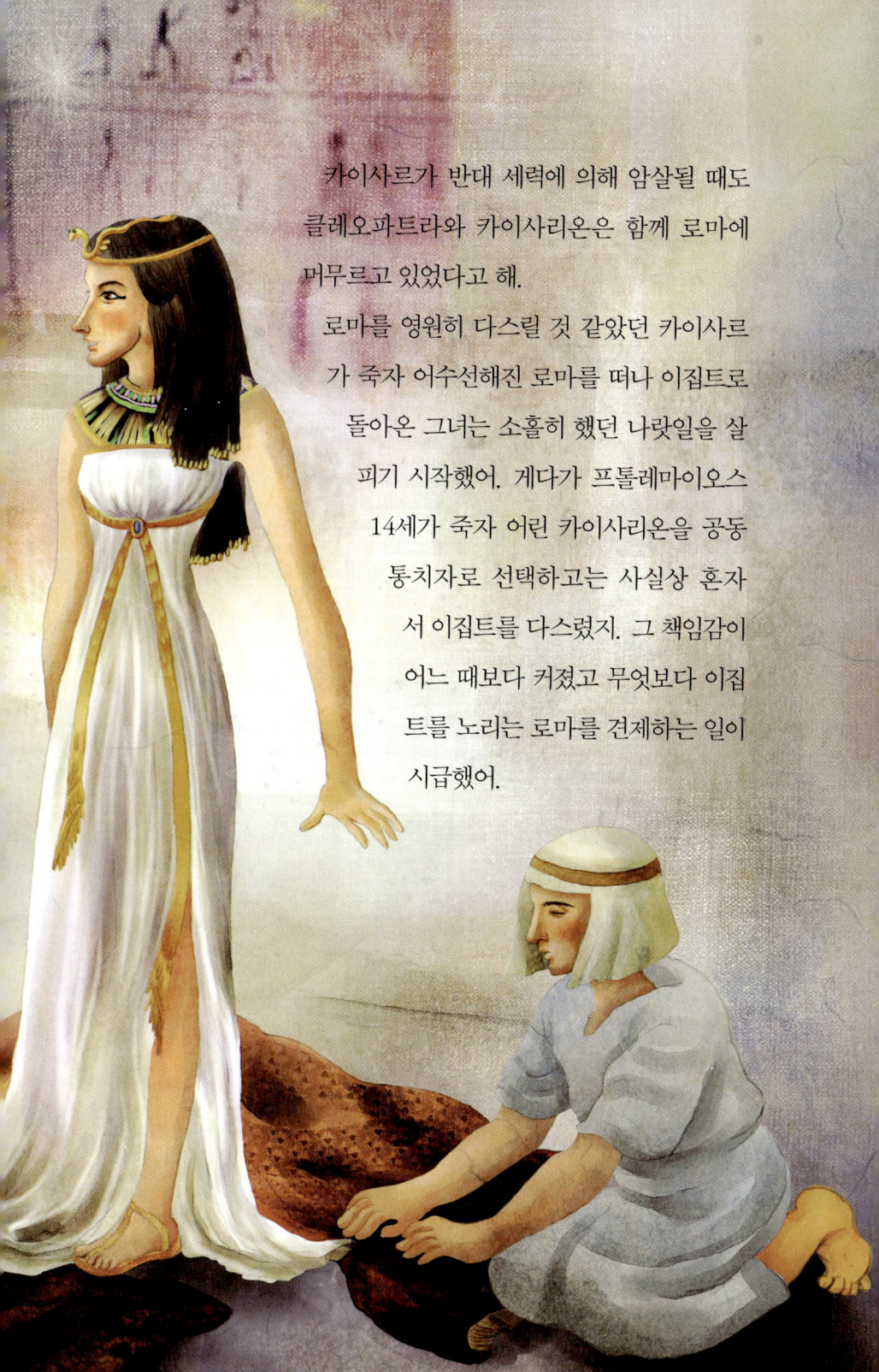

카이사르가 반대 세력에 의해 암살될 때도 클레오파트라와 카이사리온은 함께 로마에 머무르고 있었다고 해.
로마를 영원히 다스릴 것 같았던 카이사르가 죽자 어수선해진 로마를 떠나 이집트로 돌아온 그녀는 소홀히 했던 나랏일을 살피기 시작했어. 게다가 프톨레마이오스 14세가 죽자 어린 카이사리온을 공동 통치자로 선택하고는 사실상 혼자서 이집트를 다스렸지. 그 책임감이 어느 때보다 커졌고 무엇보다 이집트를 노리는 로마를 견제하는 일이 시급했어.

'로마라는 강대국으로부터 우리 이집트가 안전하게 살아남으려면 어떻게 해야 할까? 카이사르가 죽었으니 로마의 공격으로부터 이집트를 보호해 줄 새로운 방패가 필요해.'

클레오파트라는 골똘히 생각해 보았어. 그 무렵 로마는 카이사르의 부하였던 안토니우스와 카이사르의 양자였던 옥타비아누스가 공동으로 다스리고 있었지.

클레오파트라는 둘 중 누구와 손잡는 것이 이집트에게 유리할까 신중히 고민을 하다가 안토니우스 쪽으로 마음을 굳혔어. 그녀는 안토니우스에게 그를 힘껏 돕겠다는 내용을 담은 편지와 함께 강한 군대를 만드는 일에 보태라며 돈을 보냈지.

클레오파트라의 편지와 돈을 받은 안토니우스는 고맙다는 답장을 보내왔어. 물론 클레오파트라의 의도대로 이집트를 절대로 넘보지 않겠다는 약속도 했지.

클레오파트라는 내친김에 안토니우스를 이집트로 초대했어.

"어서 오세요. 기다리고 있었습니다."

그녀는 안토니우스에게 이집트에 대한 깊은 인상을 남기기 위해 노력했어. 직접 궁전을 안내해 주고 이집트가 자랑하는 세계 최대 규모의 알렉산드리아 도서관도 보여 주었지.

"이집트는 제가 가 본 어떤 나라보다 아름답고 매력적입니다. 그런데 이집트라는 나라에서 가장 아름답고 매력적인 것은 바로 클레오파트라, 당신이로군요."

 안토니우스는 클레오파트라의 매력에 완전히 사로잡혔어. 아름다운 클레오파트라는 지혜롭고 결단력이 있으며 여러 개의 외국어까지 능숙하게 구사했거든.
 "당신이야말로 진정한 이집트의 왕이오. 로마는 더 이상 이집트에 간섭하지 않겠소!"
 안토니우스의 선언을 전해 들은 옥타비아누스는 분노했고 로마인들은 배신자, 안토니우스에게 손가락질했지. 하지만 안토니우스는 이집트에 계속 머물면서 클레오파트라를 향한 사랑을 과시했어.

"클레오파트라, 당신을 사랑하오. 나와 결혼해 주시오."

안토니우스는 로마에 있던 자신의 아내를 저버리고는 클레오파트라와 성대한 결혼식을 올렸어. 두 사람 사이에 쌍둥이까지 태어나자 너무나도 기뻤던 안토니우스는 클레오파트라와 자식들에게 로마의 광대한 식민지를 마음대로 나누어 주었고, 그로 인해 로마와의 반목은 더욱 심해졌어. 클레오파트라는 그런 안토니우스를 옆에서 계속 부추겼지.

"당신이야말로 진정한 로마의 주인이에요. 이번 기회에 옥타비아누스를 몰아내고 로마랑 이집트를 하나로 만들어 나와 함께 다스려요."

"좋소! 당신만 옆에 있다면 나는 두려울 것이 없소."

클레오파트라와 안토니우스는 많은 병사를 태운 함대를 이끌고 악티움 앞바다에서 옥타비아누스의 함대를 이끄는 아그리파 장군과 맞붙었어.

"공격하라!"

악티움 해전

두 나라의 운명을 건 해전은 시작되자마자 승패가 판가름 났어. 아그리파 장군이 빠른 속도의 전투용 배들로 안토니우스의 함대를 휘두르며 포위해 나가자, 포위망을 뚫지 못한 안토니우스 병사들은 우왕좌왕했어. 게다가 아그리파 장군의 작전에 군수품 보급마저 끊기자 여기저기서 항복을 해 버렸지.

안토니우스의 함대를 뒤따르던 클레오파트라는 금세 상황을 파악하고는 남은 병력을 이끌고 이집트로 향했어. 하지만 로마를 단독으로 다스리고 풍요로운 이집트도 손에 넣을 기회를 잡은 옥타비아누스의 함대는 끝까지 뒤쫓아왔지.

'어떻게든 지금의 위기를 잘 넘기고 로마로부터 이집트를 지켜 내야 해!'

"지금부터 내가 죽었다고 소문을 내세요. 나는 피라미드에 들어가 상황이 나아지길 기다리며 훗날을 위한 대책을 세우겠어요."

신하들은 위험하다며 말렸지만, 급박한 상황에서 더는 뾰족한 수가 없었기에 클레오파트라의 뜻을 따를 수밖에 없었어. 간신히 살아남아 이집트로 돌아온 안토니우스는 소문을 듣고 절망에 빠졌지.

"클레오파트라! 당신 없이 내가 어떻게 산단 말이오. 당신 없는 세상에 나 혼자 살기는 싫소."

안토니우스는 소문만 믿고 스스로 목숨을 끊으려고 했어. 클레오파트라가 그 사실을 알고 급히 안토니우스를 은신처로 데리고 왔을 때는 이미 늦어 버렸어. 그는 사경을 헤매고 있었지.

"클, 클레오파트라! 마지막으로 당신을 볼 수 있어서 기쁘오. 그 누구보다, 나 자신보다 더 당신을 사랑했소!"

그렇게 안토니우스는 사랑하는 여인의 곁에서 눈을 감았어.

"안토니우스! 안토니우스!"

클레오파트라가 안토니우스를 안고 목놓아 울고 있을 때였지.

"클레오파트라, 이곳에 숨어 있는 거 다 알고 있다! 빨리 나와라!"

안토니우스의 뒤를 밟은 로마 병사들이 클레오파트라가 숨어 있던 피라미드 앞까지 와서 소리쳤어. 이집트 병사들이 막으려 애썼지만 결국 클레오파트라는 로마 병사들에게 잡혀 포로가 되었지.

옥타비아누스는 클레오파트라를 로마 시내에 끌고 다니면서 자신의 승리를 자랑할 계획을 세웠지만, 절대로 그런 망신스러운 모습을 보일 수 없었던 클레오파트라는 마지막으로 기지를 발휘했어.

"나는 이집트의 파라오이자, 여왕이다! 이런 모습으로 나갈 수 없으니 황금 옷을 준비해 다오!"

클레오파트라는 황금 옷으로 갈아입고는 침대에 반듯이 누웠어. 그리고는 자신이 죽으면 안토니우스 옆에 묻어 달라는 유서를 남기고 독약을 마셔 스스로 생을 끝냈지.

아버지인 프톨레마이오스 12세가 로마에 의지해 왕권을 이어가는 것을 보고 자란 클레오파트라는 명예와 기품을 무엇보다 중요하게 생각했고 끝까지 여왕으로서의 품위를 잃지 않기 위해 자살을 선택했던 거야.

당시에 로마 사람들은 카이사르와 안토니우스라는 2명의 통치자를 홀린 클레오파트라를 악독한 여자라고 많이 묘사했지만, 오늘날 학자들에 따르면 클레오파트라는 미모와 지성을 겸비한 학자의 이미지에 가깝다고 해.

그녀는 영특한 지혜와 풍부한 문화적 교양을 바탕으로 이집트를 지키고자 한 프톨레마이오스 왕조의 마지막 파라오였어.

이집트와 클레오파트라

1. 풍요로운 이집트의 몰락

해마다 범람하는 나일 강은 이집트의 사막을 비옥한 땅으로 만들어 주었고, 그 덕분에 이집트 사람들은 큰 수확을 거둘 수 있었어. 하지만 이집트 땅은 모두 파라오의 소유였기에 농민들은 수확물을 먼저 나라에 다 바친 다음, 나라에서 떼어 주는 만큼 돌려받아야 했지. 또한 지중해와 홍해를 끼고 있던 이집트는 무역도 발달했는데, 파라오는 활발한 무역 활동을 통제하면서 많은 수입을 얻을 수 있었어.

프톨레마이오스 왕조 시대의 이집트는 풍부한 재력을 바탕으로 문화에 많은 투자를 하였고, 그 덕분에 당시 수도였던 알렉산드리아는 그리스와 더불어 학문의 중심지 역할을 했어. 클레오파트라가 태어났을 당시 이집트는 매우 부유하였으나 통치 체제는 효율적이지 않았다고 해. 그녀는 이집트의 독립을 지키기 위해 노력했지만 그 뜻을 이루지 못하고 죽었고, 옥타비아누스에게 점령당한 이집트는 로마의 지배를 받게 되었어.

오늘날의 알렉산드리아

불에 타 사라진 고대 알렉산드리아 도서관을 기리는 의미로 새롭게 지어진 도서관

2. 살아 있는 이시스 여신, 클레오파트라

이집트의 대표적인 신인 오시리스와 이시스는 하늘과 땅의 아들딸이었어. 이시스는 나일 강을 관리하는 여신이자 풍요의 신으로, 이집트 최고신인 오시리스의 누이이면서 아내였지. 이집트 사람들은 클레오파트라를 여신처럼 숭배했고, 그녀 자신도 이시스의 모습을 즐겨했다고 해.

프톨레마이오스 왕조는 왕실의 고귀한 피가 섞이지 않도록 형제들끼리 결혼하는 풍습을 가지고 있었기 때문에 왕은 파라오이자 오시리스 신으로 여겨졌고, 여왕인 클레오파트라는 이시스 여신으로 추앙받은 거야.

파피루스에 그려진 이시스 여신 모습의 클레오파트라

3. 안토니우스와 클레오파트라의 최후를 가져온 악티움 해전

안토니우스가 클레오파트라를 사랑하면서 벌인 사건들은 로마의 여론을 악화시켰어. 게다가 로마에 있었던 그의 부인, 옥타비아는 옥타비아누스의 여동생이었지. 두 사람의 결혼으로 옥타비아누스는 안토니우스를 제거할 명분을 얻은 거야. 악티움 해전은 클레오파트라의 풍부한 자금, 안토니우스의 많은 병력이 옥타비아누스를 도와 악티움 해전에 참가한 아그리파 장군의 전술에 밀리면서 시시하게 끝을 맺었어.

악티움 해전을 승리로 이끈 아그리파의 흉상

🌸 클레오파트라는 원래 이집트 사람이 아니라고?

클레오파트라는 기원전 69년, 이집트 프톨레마이오스 왕조의 후손으로 태어났지만 그녀의 선조는 이집트 사람이 아니었어.

기원전 4세기에 마케도니아의 알렉산더 대왕은 그리스·페르시아·인도에 이르는 대제국을 건설하고 자신의 이름을 딴 알렉산드리아라는 도시를 곳곳에 세웠어. 그가 죽은 후 부하였던 프톨레마이오스가 이집트의 알렉산드리아에 정착하면서 새로운 왕조를 열고 이집트를 다스리기 시작한 거야.

역사책에 따르면 다른 프톨레마이오스 왕족들은 그리스 어만 사용했고, 오직 클레오파트라만 이집트 어를 할 줄 알았대.

🌸 클레오파트라는 정말 빼어난 미인이었을까?

"클레오파트라의 코가 조금만 낮았더라도 세계의 역사는 달라졌을 것이다."는 말이 있어. 하지만 그녀에 관한 기록을 살펴보면 소문만큼 빼어난 외모는 아니었다고 해. 클레오파트라를 돋보이게 했던 것은 빼어난 지식과 재치였지. 그녀는 어려서부터 독서를 좋아하여 많은 지식과 다양한 언어를 익혔어. 게다

미켈란젤로의 〈클레오파트라〉

가 예술에 대한 폭넓은 관심을 바탕으로 교양을 쌓아 카이사르와 안토니우스의 마음을 사로잡을 수 있었던 거야.

세상에서 가장 특별한 여왕 이야기

6

세계를 홀린 추리 소설의 여왕
애거사 크리스티

애거사 크리스티는 셰익스피어처럼 영국을 대표하는 작가야. 추리 소설이라는 분야에서 전 세계인들의 마음을 사로잡았지. 에르퀼 푸아로와 제인 마플 같이 그녀가 창조해 낸 인물들은 오늘날까지도 독자들의 많은 사랑을 받고 있어. 소설만큼이나 흥미로운 그녀의 인생을 한번 살펴볼까?

영국을 대표하는 작가인 애거사 크리스티는 섬세한 관찰력과 기발한 상상력으로 50여 년 동안 매혹적인 추리 소설을 써 내며 '추리 소설의 여왕', '미스터리의 여왕'으로 불렸어.

"애거사, 애거사!"

클라라는 아까부터 막내딸인 애거사를 부르며 찾아다녔어.

'얘가 대체 어디로 간 거야?'

이 방 저 방을 다 열어 보면서 한참 동안 집 안을 살피던 그녀가 뭔가 생각난 듯 밖으로 나가자, 아니나 다를까? 애거사는 정원의 나무 그늘 아래에 앉아서 눈을 감고 상상의 나래를 펴고 있었지.

"언제부터 이곳에 있었던 거야? 엄마가 부르는 소리 못 들었니?"

눈을 감은 채 누가 다가온 것도 모를 정도로 집중해서 노래를 부르는 애거사를 방해하고 싶지 않았던 클라라는 그냥 집 안으로 돌아갔어. 상상하기, 책 읽기와 더불어 노래 부르기는 애거사가 가장 즐겨하는 일이었고, 그녀는 자신이 꿈꾸던 오페라 가수가 되는 상상에 자주 빠져 있었지.

"애거사!"

언니 마가렛이 언제 왔는지 애거사의 다리를 툭 치자, 그제서야 애거사는 상상에서 깨어나 슬며시 눈을 떴어.

"여기서 잘 거야? 날이 어두워지면 어른들이 걱정하시지 않게 집으로 들어와야지."

애거사는 눈을 곱게 흘기는 언니와 함께 집으로 돌아왔어.

저녁을 먹은 애거사는 언니에게 빌려 온 〈셜록 홈스〉 시리즈를 펼쳤어. 그녀는 셜록 홈스와 함께 사건의 경위를 추리하기도 하고, 범인이 되어 수사망을 뚫고 도망치느라 밤새 책에서 눈을 뗄 수 없었지.

"아니, 애거사! 또 밤샌 거니?"

애거사의 퀭한 눈을 본 클라라가 걱정스러운 표정으로 물었어.

"엄마, 애거사가 밤새워 책 읽는 게 뭐 그리 놀랄 일인가요?"

애거사가 자주 하는 일이었기에 마가렛은 별일 아니라는 듯 말했지.

어떤 날은 온종일 공책을 펴 놓고는 뭔가를 긁적이기도 했어.

"애거사, 뭐 하는 거야?"

오빠 몬티가 다가와 물었어.

"응. 시를 쓰고 있었어."

"무슨 시를 쓰고 있는데?"

"지난번에 할머니 댁에 갔었잖아? 그때 그 마을에 전철이 처음 달리던 모습을 봤거든, 그것에 대해 쓰는 중이야."

애거사가 두 눈을 반짝이며 말하자 몬티는 여동생을 격려하는 마음으로 머리를 쓰다듬어 주었어. 애거사가 쓴 시가 지역 잡지에 실리던 날은 온 가족이 둘러앉아 축하 파티를 해 줄 정도로 애거사는 가족들의 사랑을 듬뿍 받으며 행복한 어린 시절을 보냈지.

애거사가 11살 때 아버지를 여의면서 집안 형편이 나빠졌지만, 책 읽기나 노래 부르는 것에 대한 그녀의 관심은 더욱 커졌어. 결국 16살에는 음악가를 목표로 파리 유학을 떠나 유명한 성악가들에게 가르침을 받았어. 하지만 영국으로 돌아와 오페라 하우스 관계자에게 받은 테스트에서 좋지 않은 평가를 받았지.

"넓은 오페라 극장을 메우기에는 목소리가 너무 작습니다. 또한 내성적이고 수줍음이 많아 관객 앞에서 움츠러드는 것 같네요. 전문적인 오페라 가수로 나서기에는 역량이 부족하다고 여겨집니다."

그렇게 오페라 가수라는 꿈을 접을 수밖에 없었던 애거사는 기분 전환을 위해 엄마와 함께 이집트 카이로로 여행을 떠났어.

"오랜만의 여행이니까 충분히 쉬다 가자. 애거사, 너는 이번 여행에 어떤 의미를 두고 있니?"

"앞으로 뭘 하면 좋을지 고민해 봐야겠어요."

"그래. 하면서 즐겁고 잘할 수 있는 일을 찾길 바라마."

애거사는 자신의 마음속을 들여다보기 위해 집중하기도 하고, 마음이 복잡할 때는 여행지에서 만난 낯선 사람들과 보이는 사물들을 자세히 관찰하며 시간을 보냈어.

애거사는 여행에서 돌아온 후에도 한동안 하고 싶은 일에 대해 고민을 거듭했어.

'그래. 노래 부르는 일을 할 수 없다면, 모든 사물과 사람이 가진 존재의 의미와 독특한 개성을 글로 표현해 보고 싶어.'

자신이 하고 싶은 일을 결정한 애거사는 곧 밥을 먹고 잠자는 것조차 잊을 만큼 글을 쓰는 일에 몰두했지.

"애거사, 뭘 그렇게 열심히 쓰는 거니?"

"엄마, 제가 무엇을 하며 살아야 할지 찾았어요. 글을 쓰는 거예요. 무언가를 쓰니까 멈췄던 가슴이 다시 뛰기 시작했거든요."

"애거사 축하한다. 네가 기뻐하는 일이라면 난 무엇이든 좋구나."

애거사는 쓴 글을 읽고 또 읽으면서 다듬었지만, 자신이 쓴 글이 책으로 나올 수 있을 만한 수준인지 알 수 없었어. 그렇게 고민에 빠져 있는 애거사를 보고 엄마가 슬며시 말을 꺼냈지.

"네가 쓴 글을 필포츠 씨에게 한번 보여 드리는 게 어떻겠니?"

"아! 제가 왜 그 생각을 못했을까요? 필포츠 씨는 유명한 소설가니까 제 글에 대해 조언을 해 주실 수 있을 거예요."

애거사는 이웃에 살던 이든 필포츠에게 자신이 쓴 글을 보여 줬어.

"이 정도면 훌륭해요. 묘사도 좋고 상상력도 뛰어나네요. 열심히 써 봐요. 훌륭한 작가가 되겠어요."

"어머! 정말이에요?"

유명한 소설가에게 격려를 받은 애거사는 더 열심히 습작을 했어.

"이 책 한번 읽어 볼래?"

그러던 어느 날, 언니가 《노란 방의 비밀》이라는 추리 소설을 가지고 와서 말했어.

"스탕제르송 양은 노란 방에서 살해되었는데, 노란 방은 안에서 잠겨 있었고 별도의 출입구나 비밀 통로가 없었어."

"벌써 읽었구나. 어린 신문 기자인 조제팽이 사건을 해결해 가는 과정이 너무 재미있지 않니? 나는 범인이 라르상 탐정일 줄은 상상도 못했거든."

애거사는 작품에 대해 언니와 오랫동안 토론을 했어. 언니가 돌아간 뒤에는 추리 소설을 써 보고 싶은 마음에 손이 근질거려 잠이 오지 않을 정도였고, 이 일을 계기로 그녀는 추리 소설을 쓰는 일에 빠져들었지.

"내가 결과를 예측하지 못하는 추리 소설을 네가 쓸 수 있겠어? 절대 못 쓸걸."

애거사는 언니가 비웃듯이 말하자, 자존심이 상했어. 어떻게든 멋진 작품을 써내고 싶었기에 3주 동안이나 방에 틀어 박혀 작품을 구상하고, 그 후에는 무언가에 홀린 듯 작품을 써 내려갔지. 이때 쓴 작품은 《스타일스 저택의 괴사건》이라는 제목의 추리 소설로, 에르퀼 푸아로라는 괴짜 탐정이 등장하는 이야기였어.

'아, 드디어 해냈다!'

작품을 끝낸 애거사는 만족스러웠지만, 이름도 없는 신인 작가의 작품을 흔쾌히 책으로 내 주는 출판사는 어디에도 없었어.

"죄송합니다. 저희 출판사와는 어울리지 않는 것 같습니다."

"유감스럽지만, 더 좋은 작품으로 다음에 다시 도전해 주십시오."

가는 곳마다 계속 거절을 당하는 통에 힘이 빠졌지만, 애거사는 다시 힘을 내어 다른 출판사들의 문을 두드렸어. 그리고 다닌지 4년이 지난 어느 날이었지.

"한 번만 읽어 봐 주세요. 부탁드립니다."

애거사는 보들리 헤드라는 출판사를 찾아가 편집장에게 사정했어.

"한 번 읽어 보기는 하겠습니다만, 크게 기대하지는 마세요."

편집장이 마지못해 원고를 받아들자 애거사는 초조한 마음으로 연락을 기다렸어.

"출판해 봅시다. 대신 2000부가 팔릴 때까지는 인세를 드릴 수가 없습니다. 그리고 몇몇 부분은 수정을 했으면 싶네요."

"괜찮아요. 감사합니다. 정말 감사합니다."

애거사는 거의 돈을 벌지는 못했지만, 1920년에 드디어 첫 번째 작품인 《스타일스 저택의 괴사건》을 세상에 내놓을 수 있었어.

'반드시 더 좋은 작품을 써내고 말 거야!'

애거사는 실망하지 않고 열심히 글을 써서 다음 작품인 《비밀 결사》, 《골프장 살인 사건》을 연이어 출간했고, 추리 작가로서 인정을 받기 시작했어. 1926년, 애거사가 쓴 《애크로이드 살인 사건》이 걸작이라는 평가를 받으면서 그녀는 드디어 영국을 대표하는 추리 소설 작가로 우뚝 설 수 있었지.

"작가님, 다음 작품은 언제 나오나요?"

"빨리 좀 써 주세요. 목이 빠지게 기다리고 있답니다."

독자들은 집 앞까지 찾아와 애거사를 조르기도 했어. 팬들의 넘치는 사랑을 받은 애거사는 그 사랑에 보답하기 위해 더욱더 노력하며 쉴 새 없이 새로운 작품을 내놨지.

주변 인물들의 말과 행동을 관찰하여 사건을 해결하는 '제인 마플'이라는 새로운 탐정의 모습을 《목사관 살인 사건》에서 창조하면서 작가로서의 전성기를 보내던 시절, 그녀의 인생은 시련기를 맞았어. 갑작스럽게 어머니의 죽음을 겪는 것도 모자라 남편의 이혼 요구를 받게 되었지.

현실을 받아들이고 싶지 않았던 애거사는 더욱더 추리 소설을 쓰는 일에 매달렸어. 다양한 소재를 찾아 매년 고고학 발굴 여행을 다니면서 그 경험을 바탕으로 《오리엔트 특급 살인》, 《메소포타미아의 살인》, 《나일 강의 죽음》 등의 작품을 썼고, 애거사의 작품들은 연이어 대성공을 거두며 더 큰 명성을 그녀에게 안겨 주었어.

애거사의 추리 소설은 간결하고 명료한 문장을 사용하여 독자들이 긴장을 늦출 수 없게 했으며, 평범한 일상을 배경으로 펼쳐지는 기발한 이야기는 큰 궁금증을 자아냈어. 게다가 정치나 종교, 폭력적인 요소를 제외하여 누구나 부담 없이 읽을 수 있는 점 등의 많은 장점을 가지고 있었지. 대중들에게 큰 사랑을 받은 애거사의 스타일은 추리 소설의 새로운 표준이 되었어.

"애거사의 추리 소설은 너무 참신하지 않아요? 어떻게 그런 생각을 해 낼 수 있었는지, 정말 대단한 것 같아요."

"맞아요. 저는 매년 크리스마스에 발간되는 애거사의 추리 소설을 읽는 재미로 살고 있어요."

그녀의 등장 전후로 추리 소설의 시대가 나뉠 만큼 자신의 분야에서 독보적인 존재가 된 애거사는 1957년, 여성 최초로 영국 추리 협회 회장이 되었어. 1971에는 여왕, 엘리자베스 2세로부터 데임(영국에서 나이트나 준남작에 해당하는 훈장을 받은 여성에게 붙는 직함) 작위를 받았지.

"애거사, 당신은 우리 영국을 대표하는 추리 소설가로서 그 공로가 큽니다. 나도 당신의 열렬한 팬이에요."

애거사는 죽을 때까지 손에서 펜을 놓지 않고 사건을 만들어 내고 해결해 나가는 일에 푹 빠져 살면서 '추리 소설의 여왕'으로 큰 인기를 얻었어. 40여 년이 지난 오늘날에도 그녀의 작품은 전 세계 독자들의 사랑을 받으며 드라마나 영화, 뮤지컬 등 다양한 예술 분야에서 재탄생되고 있지.

영국인들이 애거사를 기리기 위해 그녀가 살았던 집에 붙여 놓은 푸른 명판

추리 소설과 애거사 크리스티

1. 추리 소설이란 무엇일까?

추리 소설은 범죄 사건에 대한 수사를 주된 내용으로, 그 사건을 추리하여 해결하는 과정에 중점을 두는 이야기야. 미스터리 또는 탐정 소설이라고도 하며, 에드거 앨런 포에 의해 시작되었다고 알려져 있지. 추리 소설은 사법 제도가 확립되어 민주적인 재판이 행해지지 않는 사회에서는 발달하기 어렵기 때문에 다른 장르의 소설에 비해 늦게 발달하여 약 170여 년이라는 짧은 역사를 가지고 있어.

추리 소설의 아버지라 불리는 에드거 앨런 포

2. 에르퀼 푸아로와 제인 마플은 누구일까?

- **에르퀼 푸아로** : 애거사 크리스티가 창조한 탐정으로, 30여 편의 장편과 50여 편의 중단편에 등장해. 작은 키에 콧수염을 가진 그는 벨기에 브뤼셀에서 경찰로 일하다가 퇴직한 뒤 영국에서 사립 탐정으로 활약을 펼치지. 여행을 좋아하는 에르퀼 푸아로가 가는 곳에서 사건이 일어날 때마다 그는 놀라운 추리력으로 사건을 해결해. 에르퀼 푸아로는 애거사 크리스티의 첫 번째 작품인 《스타일스 저택의 괴사건》에 처음 등장해서 그녀의 마지막 작품인 《커튼》에서 세상을 떠나는데, 그의 죽음은 〈뉴욕 타임스〉에까지 실릴 정도였어.

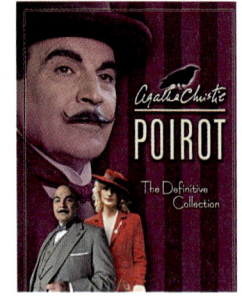

에르퀼 푸아로

- 제인 마플(미스 마플) : 《목사관 살인 사건》에 처음 등장해서 10여 편의 장편과 20여 편의 단편에서 활약을 펼치는 할머니 탐정이야. 다소 뚱뚱하고 하얗게 센 머리카락을 가진 외모에 흔들의자에 앉아 뜨개질을 즐기는 모습으로 자주 등장해. 제인 마플은 들리는 소문을 통해 수사를 풀어 나갈 정보를 수집하고, 범죄 상황을 자신이 알고 있는 사람들의 성격에 맞추어 분석하면서 경찰도 포기한 사건을 해결해 내지.

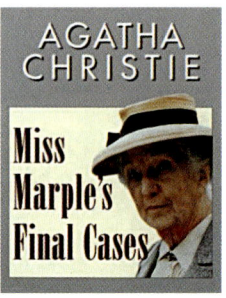

제인 마플(미스 마플)

3. 애거사 크리스티와 관련된 기록들

1982년 유네스코의 조사에 따르면 애거사 크리스티가 쓴 60여 편의 추리 소설, 30여 권의 중편 모음집, 메리 웨스트매콧이라는 필명으로 쓴 여러 권의 로맨스 소설, 시집, 희곡 등의 작품이 영어를 공용어로 사용하는 지역에서 10억 부 이상 팔렸으며 103개의 언어로 번역되어 전 세계적으로 인기를 끌었다고 해. 게다가 《오리엔트 특급 살인》은 영화로 만들어졌으며, 희곡 〈쥐덫〉은 세계 최장 공연 기록을 가지고 있지. 또한 제인 마플이 등장하는 책들을 엮어 출판한 책은 세계에서 가장 두꺼운 책으로 기네스북에 올라 있어.

《오리엔트 특급 살인》을 집필한 이스탄불의 호텔

🌸 애거사 크리스티가 독살의 여왕이라고?

애거사 크리스티는 제1차 세계 대전이 일어났을 때 병원의 약국에서 일한 경험이 있어. 여기서 그녀는 독약에 대해 관심을 가지고 지식을 얻게 되었지. 그래서였을까? 66개의 장편 추리 소설 중 독살 장면이 나오는 작품이 34편이고, 독약에 의한 피해자만 62명이야. 그래서 그녀를 '독살의 여왕'이라고 부르는 사람들도 있었어.

간호사로 일한 시절의 애거사 크리스티

🌸 애거사 크리스티 실종 사건

1926년 12월, 애거사 크리스티는 저녁 식사 후 혼자서 드라이브를 간다고 말한 후 외출해서는 집에 돌아오지 않았어. 가족, 경찰, 기자들 등 많은 사람들이 그녀를 찾아 헤맸지만 10일 동안 발견할 수 없었고 신문에 그녀의 실종 사건이 크게 실렸을 정도야.

애거사 크리스티의 실종 사건이 실린 신문 기사

하지만 실종 기간 동안 그녀는 집에서 멀리 떨어진 호텔에 가명으로 투숙하고 있었던 것으로 결국 밝혀졌어. 당시 그녀는 어머니의 죽음과 남편과의 갈등으로 극심한 스트레스를 받은 나머지 순간적으로 기억 상실증에 걸렸다고 해.

세상에서 가장 특별한 여왕 이야기

7

에스파냐 제국의 기초를 세운 여장부
이사벨 1세

이사벨 1세는 카스티야 왕국의 공주로 태어났지만,
조그만 시골 마을에서 백성들과 똑같이 힘든 삶을 살았어.
이러한 경험은 훗날 그녀가 백성들의 마음을 이해하고
강한 정신력을 갖는데 큰 도움이 되었지.
그렇게 어렵게 자란 그녀가 기독교 세계의 그 어떤 왕도
풀지 못한 문제를 해결했다는데, 그게 무엇일까?

15세기 말 유럽 대륙의 남서쪽 끝에 위치한 이베리아 반도는 크게 포르투갈, 카스티야, 아라곤, 그라나다 4개의 왕국으로 나뉘어 있었어. 가톨릭 세계인 유럽에서 이슬람 세력이 다스리고 있던 그라나다를 정복하여 이슬람교도를 몰아내려는 시도는 계속 있었지만, 그 어떤 왕도 뜻을 이루지 못하였지. 그런데 그 큰일을 불우한 어린 시절을 보낸 한 여인이 해낸 거야.

"어머니, 제발 이것 좀 드세요. 어제부터 아무것도 안 드셨잖아요."

어린 이사벨은 어머니 앞에 쪼그려 앉아 애원하듯 말했지만, 헝클어진 머리에 퀭한 눈을 한 어머니는 창밖만 내다보며 중얼거렸어.

"귀족들에 맞서 이만큼 왕권을 안정시킨 사람이 누군데……."

이사벨의 아버지였던 카스티야 왕국의 후안 2세는 무능했어. 귀족들이 실권을 쥐고 마음대로 다스리고 있었지. 포르투갈의 공주였던 이사벨의 어머니는 남편을 대신해 첫 번째 부인의 아들인 엔리케 왕자와 함께 왕권을 안정시켰어. 그런데 후안 2세가 죽자 왕위를 물려받은 엔리케가 새어머니와 이복동생들을 시골구석으로 쫓아낸 거야.

"어머니, 이제 지난 일은 그만 잊어버리고 기운을 차리세요."

얼마 후, 자신의 처지를 받아들일 수 없었던 이사벨의 어머니는 그만 정신을 놓아 버렸어. 새어머니에 대한 경계심이 어느 정도 사라지자 엔리케 왕은 학자들을 보내 이사벨이 교육을 받을 수 있도록 허락했지만, 병든 어머니와 어린 남동생까지 돌봐야 했던 이사벨의 상황은 가난하고 힘이 없던 카스티야 왕국의 현실과 다를 바 없었어.

"하느님, 도와주세요."

이사벨은 한 치 앞도 내다볼 수 없는 깜깜한 앞날을 밝혀 달라며 날마다 간절히 기도했어.

그러던 어느 날, 빨래를 널고 있는 이사벨에게 사람들의 수군거리는 소리가 들려왔어.

"저기, 저 애가 공주라네요."

"말도 안 돼! 그게 정말이에요?"

이사벨은 고개를 숙이고 자신을 내려다보았어. 초라하기 짝이 없는 모습이었지만, 아랑곳하지 않고 하던 일을 계속했어. 가난한 생활은 이사벨의 마음을 더욱 단단하게 만들었고 신앙심은 깊어만 갔지.

세월이 흘러 숙녀가 된 이사벨은 미인으로 인근에 소문이 자자했어. 허름한 옷차림을 해도 품위가 느껴질 정도였지만 겉모습과 달리 마음속에는 항상 불안감이 가득했지. 낯선 무리가 이사벨을 찾아왔을 때에도 그녀는 그들을 잔뜩 경계했어.

"이사벨 공주님, 공주님을 모시러 왔습니다."

"무슨 일로 저를 찾아오셨죠?"

"저희는 무능한 엔리케 왕을 더 이상 두고 볼 수 없어서 뜻을 모은 카스티야의 귀족들로, 이사벨 공주님을 새로운 왕으로 모시기 위해 왔습니다."

그중 한 사람이 나서서 말했지만, 이사벨은 이들이 나라를 위해서가 아니라 자신들의 이익을 위해 이런 일을 한다는 것을 알 수 있었어.

"지금 저보고 반역을 하라는 말씀이십니까? 엔리케 왕이 카스티야 왕국을 다스리는 동안은 아무도 왕위를 빼앗을 수 없습니다!"

이사벨이 주저하지 않고 딱 잘라 말하자 귀족들의 눈이 휘둥그레졌어. 왕궁에서 쫓겨나 백성들과 다름없는 힘든 삶을 살면서도 엔리케 왕에게 반감을 갖지 않다니…….

이 사실을 알게 된 엔리케 왕은 기분이 좋았어. 이사벨의 마음이 그렇다면 그녀를 믿어 봐도 될 것 같았지.

"이사벨을 궁으로 데리고 오시오."

시골구석에서 시간을 보내는 동안 아팠던 엄마와 동생 알폰소는 세상을 떠났고 이사벨은 혼자 왕궁으로 돌아왔어.

"어서 오너라. 그동안 수고가 많았구나."

엔리케 왕은 이사벨을 반갑게 맞아 주었어. 왕궁에서의 생활은 조용한 시골 생활과 완전히 달랐기에 이사벨은 새로운 생활을 익히느라 한동안 정신없이 지낼 수밖에 없었어.

"저기 공주님께 말씀을 드려야 할지……."

어느 날, 시종이 말하기가 난처하다는 표정을 짓다가 이윽고 조심스레 말을 꺼내기 시작했어.

"무슨 일인데요?"

"엔리케 왕께서 공주님을 포르투갈이나 프랑스처럼 강한 나라에 시집보내서 그들의 도움을 얻으려는 계획을 세우고 있다고 합니다."

"말도 안 돼요. 내 인생, 내 결혼 상대는 내가 정합니다."

자신의 삶을 마음대로 조종하려는 엔리케 왕의 계획을 알게 된 이사벨은 신랑감을 직접 고르기 위해 알고 지내던 선교사들에게 편지를 보내 각국의 왕과 왕자들에 대한 정보를 모으기 시작했어.

「포르투갈 국왕은 나이가 너무 많습니다.」

「프랑스 왕자는 성품이 유약하고 무능합니다.」

「아라곤의 페르난도 왕자는 젊고 잘생겼으며 능력도 있습니다.」

각 나라에서 보내온 선교사들의 보고를 받은 이사벨은 아라곤의 페르난도 왕자를 자신의 신랑감으로 선택하고는 먼저 청혼을 했어. 이사벨에 대해 익히 알고 있던 페르난도 왕자는 그녀의 아름다운 외모와 당당한 모습에 반해 청혼을 받아들였지.

뒤늦게 소식을 들은 엔리케 왕이 결혼을 막으려고 했지만, 두 사람은 몸을 피해 결혼식을 올리고 부부가 되었어.

하지만 두 사람이 부부가 되었다고 모든 일이 해결되지는 않았어. 엔리케 왕이 갑자기 죽자, 딸인 후안나 공주가 외가인 포르투갈 세력을 등에 업고 자신이야말로 진정한 카스티야의 왕이라며 나선 거야.

카스티야는 이사벨 공주를 지지하는 세력과 후안나 공주를 지지하는 세력으로 나뉘었어. 지루한 전쟁이 계속되었지만 강한 정신력과 의지를 가진 이사벨은 남편인 페르난도의 도움을 받아 위기를 잘 극복하고 1474년, 마침내 카스티야의 왕위에 오를 수 있었어.

"이제부터 저는 카스티야의 여왕으로서, 백성들의 더 나은 삶을 위해 이 신성한 임무를 맡을 것입니다!"

1479년, 페르난도가 아라곤의 왕이 되자 아라곤-카스티야 연합 왕국이 탄생했어. 인생의 동반자이자 정치적 후원자를 얻은 이사벨은 계속된 전쟁으로 피폐해진 나라를 바로 세우기 위해 노력했지.

이사벨 여왕

"궁 안에 편하게 앉아만 있어서는 백성들의 생활을 잘 살필 수 없습니다."

여왕이 된 이사벨은 임신 중에도 쉬지 않고 지방 곳곳을 돌며 일했기 때문에 자녀 5명을 모두 궁이 아닌 곳에서 낳았다고 해.

이사벨은 왕권을 강화하기 위해 귀족 세력을 약화시키는 일을 최우선 과제로 삼았어. 독자적으로 화폐를 만들고 세금을 마음대로 거두며 왕보다 더 강한 권력을 휘두르는 귀족들을 남편 페르난도와 함께 무력으로 굴복시켜 점점 왕 밑의 세력으로 끌어들였지.

그렇게 나라 안이 안정되자 이사벨은 나라 밖으로 눈을 돌렸어. 독실한 가톨릭 신자였던 그녀는 이슬람 세력이 왕국의 남부에 있는 그라나다를 점령하고 있는 것을 그냥 보고 있을 수가 없었어. 물론 선조들도 그들을 몰아내려고 여러 번 시도했었지만, 번번이 실패하고 말았던 일이었지.

"여보, 이 오래된 문제를 우리가 꼭 해결해야 해요."

이사벨은 강력해진 연합 왕국의 힘을 바탕으로 이슬람 세력을 몰아내기로 마음먹고 페르난도에게 도움을 요청했어.

"좋소. 우리 힘을 합해 이 땅에서 이슬람 세력을 몰아냅시다."

1491년, 이사벨과 페르난도는 그라나다 정복을 위해 대군을 이끌고 남쪽으로 향했어. 페르난도는 군사를 이끌고 전방으로 나가 이슬람군과 싸웠고, 이사벨 역시 전쟁터에서 부상병들을 치료하며 후방을 담당했지. 만만치 않은 이슬람군의 반격에 페르난도와 군사들이 점점 지쳐갈 즈음 이사벨이 지원군을 이끌고 전방에 도착했어.

"여러분, 힘을 내세요! 이 전쟁이야말로 정의를 위한 일입니다. 여러분의 피와 땀으로 이교도들을 몰아내고 하느님의 나라를 만들 수 있습니다. 신께서 우리를 도울 것입니다!"

이사벨은 쉬지 않고 군사들을 격려했고, 그 모습에 힘을 얻은 군사들은 전열을 정비하여 1492년, 마침내 이슬람 세력의 항복을 받아냈어. 8개월이 넘는 격전 끝에 그라나다 왕국을 무너뜨리고 에스파냐 왕국의 토대를 마련한 거야.

정치적 안정과 종교적 통일을 이룩했을 뿐만 아니라 연합 왕국의 영토를 크게 넓힌 이사벨은 백성들이 더 풍요로운 삶을 살 수 있는 방안을 마련하고자 했어.

당시 유럽의 여러 나라는 먼바다로 나가 새로운 대륙에서 나오는 황금과 향신료를 얻기 위한 노력을 아끼지 않았어. 그런 신대륙 발견을 위한 항해에 깊이 빠져 있던 콜럼버스는 운명적으로 이사벨을 만나게 되었지. 다른 왕들은 모두 콜럼버스의 무모한 제의를 무시했지만, 이사벨은 그의 계획에 큰 관심을 보였거든.

"여왕 폐하, 지구는 둥글기 때문에 서쪽으로 항해하여도 이슬람교도들의 방해를 받지 않고 새로운 대륙에 도달해 엄청난 이득을 볼 수 있습니다. 대서양을 가로질러 인도로 가겠습니다."

콜럼버스의 항해를 원조하기 위해서는 큰돈이 필요했기에 신중한 성격의 이사벨은 그의 말을 곰곰이 따져 보았어.

"인도는 매우 가깝기 때문에 적당한 바람만 분다면 며칠 안에 닿을 수 있습니다."

콜럼버스는 이사벨 여왕을 설득하기 위해 자신의 계획을 열정적으로 설명했지.

　이사벨은 연합 왕국의 경제적 이득을 위해서, 더 나아가 포르투갈 같은 유럽 강대국들과의 해상력 경쟁에서 밀리지 않기 위해 콜럼버스를 원조해 주기로 했어.

　"지금은 계속된 전쟁으로 경제적 상황이 여의치 않습니다. 하지만 나를 믿고 기다려 준다면 당신의 항해를 후원해 주겠어요."

콜럼버스는 오랫동안 카스티야에 머무르면서 때를 기다렸고, 이 기간 동안 가톨릭에 대한 믿음이 더욱 깊어져 가톨릭을 세계 구석구석에 전하겠다는 사명감을 가지고 신대륙 발견에 나섰어.

1492년, 마침내 콜럼버스는 아메리카 대륙에 도착하였고, 이 일을 계기로 이사벨 여왕은 에스파냐가 해외로 뻗어나갈 수 있는 기반을 마련하게 된 거야.

나라를 위해 이베리아 반도를 누비며 열정적으로 일하는 사이 이사벨도 늙어 갔어. 그녀는 지난날을 돌이켜 보며 흐뭇한 미소를 지었지.

"종이와 펜 좀 준비해 주세요."

시종에게 종이와 펜을 받아 이사벨은 또박또박 유언장을 써 내려갔어. 장례는 소박하게 치르고 작은 묘비 하나만 세우라는 유언을 남기면서 장례 치를 돈을 아껴 가난한 사람들을 돕고 교회에 기부하라는 당부도 빼놓지 않았다고 해.

이사벨 1세는 작은 왕국의 공주로 태어나 조그만 시골 마을에서 평민들과 똑같은 생활을 하며 어린 시절을 보냈어. 하지만 그녀는 어려운 처지에 굴하지 않고 자신의 결혼을 스스로 결정하는 추진력과 정치적 능력을 발휘하여 이베리아 반도에서 이슬람 세력을 몰아내고 에스파냐의 지리적·종교적인 기초를 닦았지. 또한 도박과도 같았던 콜럼버스의 항해를 지원하며 에스파냐가 이후 약 500년 동안 세계의 역사를 좌우하는 강대국이 될 수 있는 토대를 마련했어.

에스파냐와 이사벨 1세

1. 에스파냐의 뿌리, 카스티야 왕국

카스티야(Castilla)는 성을 뜻하는 말로, 9세기부터 지명으로 사용되었어. 부르고스 백작에 의해 10세기 중엽에 카스티야 왕국이 시작되어 점차 가톨릭 왕국으로 성장했지만, 11세기에는 이슬람 세력의 지배를 받기도 했지. 하지만, 이사벨 1세와 남편인 페르난도 2세에 의해 에스파냐의 통일이 시작되면서 카스티야 왕국은 에스파냐 제국의 뿌리 역할을 했으며, 카스티야 어는 오늘날 에스파냐의 표준어로 사용되고 있어.

1400년대의 이베리아 반도

오늘날의 이베리아 반도

2. 그라나다 왕국의 알람브라 궁전

에스파냐의 그라나다 지역에는 이슬람 건축물 중 가장 아름다운 궁전이자 요새인 알람브라 궁전이 있어. 아라비아 어로 '붉은 성'이라는 뜻의 알람브라 궁전은 사람이 얼마나 섬세한 재능을 갖고 있는지 보여 주는 세련된 조각, 독특한 문양의 기둥과 벽, 풍부한 색으로 꾸며진 화려한 천장을 갖고 있어. 이슬람 문화의 아름다움과 신비감을 느낄 수 있는 곳이지.

이사벨 1세와 남편인 페르난도 2세가 그라나다를 정복했을 때 알람브라 궁전의 아름다움에 반해 이슬람 건축물임에도 불구하고 파괴를 중지하라는 명령을 내렸다고 해. 알람브라 궁전은 가톨릭 국가인 에스파냐에서 방치되어 있다가 미국의 역사학자

알람브라 궁전

가 쓴 《알람브라 이야기》로 전 세계의 큰 관심을 얻었고, 이후 에스파냐 정부에서 궁전을 복원해 1984년에 세계 문화유산으로 지정되었어.

3. 콜럼버스의 신대륙 발견을 지원한 이사벨 1세

이사벨 여왕의 지원을 받은 콜럼버스는 1492년 8월, 동양으로 가는 새로운 무역로를 찾기 위해 팔로스 항구를 떠났어. 지구는 둥글기 때문에 일직선으로 항해하면 결국 출발 지점으로 되돌아온다는 믿음이 있었지만, 아직 한 번도 시도해 본 적이 없는 위험한 일이었지.

콜럼버스는 70일 만에 간신히 아메리카 대륙에

크리스토퍼 콜럼버스

도착하였지만 그는 그곳을 인도의 가장자리라고 여기고 그 이후로도 3차례에 걸쳐 인도의 중심부로 가는 길을 찾기 위한 항해를 계속했다고 해. 콜럼버스는 죽는 순간까지도 자기가 발견한 곳이 인도라고 생각했어. 콜럼버스의 신대륙 발견으로 담배, 감자 등이 유럽 세계에 들어왔고 새로 생긴 넓은 시장을 바탕으로 유럽은 빠르게 발전할 수 있었던 거야.

🌸 이사벨 1세와 페르난도 2세의 험난한 결혼

이사벨은 페르난도에게 청혼을 한 후 결혼을 하기 위해 왕궁을 탈출했어. 하지만 곧 그녀가 숨어 있던 장소를 찾아낸 엔리케 왕은 도시를 포위하고 결혼식을 올릴 수 없도록 그녀를 압박했지.

이사벨 1세와 페르난도 2세의 동상

한편 페르난도도 결혼식을 올리기 위해 이동하면서 카스티야와 아라곤의 연합을 반대하는 세력에 의해 죽을 고비를 여러 번 넘겼어. 그런 역경을 헤치고 두 사람은 부부가 되어 에스파냐 제국의 기초를 세운 거야. 이사벨이 죽자 페르난도는 "국왕이 가질 수 있는 최고의 아내를 잃었다."며 매우 슬퍼했다고 해.

🌸 이사벨 1세의 흠이 된 이교도 박해 사건

이사벨과 페르난도는 로마 교황청으로부터 '가톨릭의 수호자'라는 호칭을 받을 정도로 열렬한 가톨릭 군주였어. 그들은 유대인과 아랍 인에게 가톨릭을 믿으라고 강요하고, 그에 따르지 않으면 종교 재판소에서 처벌했어. 이 종교 재판소는 이후 전 유럽으로 확산되었고, 그로부터 100년 동안 유럽 전역은 종교 박해지로 변했지.

가톨릭의 수호자가 된 이사벨 부부

세상에서 가장 특별한 여왕 이야기

8

천의 얼굴을 연기한 오페라의 여왕
마리아 칼라스

마리아 칼라스는 목소리뿐만 아니라
온몸으로 음악을 표현하며
관객들의 공감을 불러일으킨 세계적인 소프라노야.
풍부한 성량, 다양한 연기와 노래로 제2차 세계 대전 후
최고의 오페라 가수로 꼽히며 사람들의 큰 사랑을 받았지.
그녀가 표현했던 작품 속 인물들처럼
굴곡 많은 삶을 살다 간 그녀의 인생을 한번 들여다볼까?

다양한 역할을 완벽하게 연기해 '오페라의 여왕'으로 불렸던 마리아 칼라스! 그녀는 끊임없는 노력으로 미운 오리 새끼의 모습을 벗어던지고 화려한 백조가 되어 무대 위에서 날아올랐어.

어린 마리아는 거울 속에 비친 자신의 모습을 보고 또 봤지만, 아무리 봐도 예쁜 구석이라곤 없었어. 게다가 뭘 해도 둔해 보이는 뚱뚱한 몸을 보고 있으면 한숨이 저절로 나왔지. 얼굴도 예쁘고 날씬한 언니 재키와 비교할 때면 더욱 비참한 기분이 들었어.

마리아는 자포자기하는 마음으로 주방에 가서 닥치는 대로 먹을거리를 챙겼어. 거실에서는 엄마와 언니가 무슨 재미있는 이야기를 하는지 웃음소리가 그치지 않았지만, 마리아는 그 사이에 낄 수가 없었지. 아들을 바랐던 부모님께 태어날 때부터 실망을 안겼던 마리아는 늘 찬밥 신세였어.

먹을거리를 들고 방으로 돌아온 마리아는 언니와 저를 차별 대우하는 엄마에게 서운한 마음이 들었어. 쓸쓸함을 채우기 위해 산더미처럼 쌓여 있던 음식을 다 먹어 버렸지만 여전히 배는 부르지 않고 어딘가 허전하기만 했지. 아무 생각도 하기 싫어 침대에 벌러덩 누웠던 그녀가 눈을 떴을 때에는 이미 날이 어두워져 있었어.

"너는 도대체 뭐가 되려고 그러니? 그렇게 먹고 잠만 자니 몸이 그렇지. 언니는 안 그러는데 너는 누구를 닮아서 그러는지 모르겠다."

언제 들어오셨는지 엄마가 마리아에게 잔소리를 퍼붓고는 방문을 쾅 닫고 나가 버리셨어.

아빠와 사이가 좋지 않았던 엄마는 때때로 그 화풀이를 마리아에게 하곤 했어. 그녀는 애써 슬픔을 가라앉히며 눈을 감고 조용히 노래를 불렀지.

"마리아, 제법인걸! 다시 한 번 불러 보렴."

마리아는 깜짝 놀랐어. 엄마가 자신을 보며 웃고 있는 거야. 그 모습을 보고도 믿을 수 없었던 마리아는 정성을 다해 노래를 불렀어.

"노래를 잘하는 건 나를 닮았구나. 사실 내 꿈은 프리마 돈나였지. 마리아, 네가 그 꿈을 대신 이루어 주지 않겠니?"

결국 사이가 좋지 않았던 부모님이 이혼하자, 마리아는 언니와 엄마를 따라서 미국을 떠나 부모님의 고향인 그리스로 돌아왔어. 딸에게 음악 공부를 시키려고 마음먹은 어머니의 강요 때문에 마리아는 아테네 음악원에 입학했고, 그곳에서 인생의 스승인 엘비라 데 이달고를 만날 수 있었지.

이달고는 마리아의 노래를 듣자마자 단박에 그녀가 훌륭한 인재임을 알아봤어. 그래서 마리아의 어려운 경제 사정을 알고 마리아가 학비를 면제받을 수 있게 도와 주었을 뿐만 아니라 개인 지도도 마다하지 않았지.

마라아 칼라스(가운데)와 스승이었던 이달고(오른쪽)

아침 10시에 시작해 저녁 8시에 끝나는 이달고의 강의 시간 내내 마리아는 스승의 곁을 지켰어. 다른 학생들이 지도를 받으면서 지적받는 내용까지 모두 자신의 것으로 만들려는 욕심이 있었거든. 이달고는 마리아에게 성악적 기술만을 가르치지 않았어. 성악에 담긴 정신, 남들과 다른 독특한 개성, 무대에서 관객에게 호소할 수 있는 동작 등 모든 것을 빠짐없이 가르쳤지. 게다가 엄청난 노력가였던 마리아는 오페라에서 많이 사용하는 이탈리아 어, 프랑스 어, 독일어를 누구보다 빠르고 완벽하게 익혀 나갔어.

마리아는 그렇게 스승의 가르침을 가슴 깊숙이 간직한 채 언제 어디서나 주요 오페라 배역들의 노래를 끊임없이 연습했어.

고된 훈련과 밤을 새우는 노력 덕분에 마리아는 17살 때 〈카발레리아 루스티카나〉에서 젊은 병사인 투리두를 사랑하는 시골 처녀 산투자 역으로 처음 오페라 무대에 설 수 있었어. 첫 무대가 끝나고 모든 관객들이 자리에서 일어나 오랫동안 박수를 보내자, 벅찬 감동을 받은 마리아는 자신도 모르게 눈물을 흘렸어.

"감사합니다."

그녀는 고개를 깊이 숙여 인사하며 속으로 다짐했지.

'난 노래를 부를 때가 가장 행복해. 못생기고 뚱뚱한 마리아는 무대 위에 없어. 내가 맡은 배역만이 존재할 뿐이야!'

자신이 일생을 바칠 목표를 뚜렷하게 정하면서 마리아는 수많은 낮과 밤을 오로지 노래하는 일에만 매달렸어. 마리아의 가슴 속에는 다양한 오페라의 인물들이 살아 숨 쉬고 있었지. 친구들과 어울리거나 연애에 빠져 시간을 보내는 것이 그녀에게는 사치처럼 여겨졌어.

마리아가 노래 실력을 갈고닦는 동안 전 세계는 제2차 세계 대전의 소용돌이 속으로 빠져들었고, 그리스 역시 전쟁을 준비하고 있었어.

1940년대 초반, 마리아 칼라스는 그동안의 노력을 인정받아 아테네 국립 오페라 무대에서 활발하게 활동하고 있었어. 독일군이 그리스를 점령한 순간에도 그녀의 머릿속에는 노래만이 가득했지.

독일군이 공중 습격에 대비하기 위해 저녁 시간에 소리 내는 것을 금지하자, 마리아는 반항적으로 창문을 모두 열어젖히고 〈토스카〉의 대표적인 아리아인 '노래에 살고 사랑에 살고'를 불렀어.

 "노래로 살고 사랑으로 살며 살아 있는 사람을 상처 준 일도 없고, 불행한 사람을 보면 슬며시 남모르게 도와주었습니다."

 풍부한 성량에 감정이 가득한 격정적인 노래는 그리스 사람들뿐만 아니라 독일군까지 사로잡았지. 적군들은 밤이 되면 마리아의 노래를 듣기 위해 자신들이 배급 받은 식량을 들고 그녀의 집을 찾을 정도였어.

하지만 이런 일들은 마리아에게 독이 되어 돌아왔어. 노래로 적군에게 식량을 얻은 일 때문에 그리스에서 일자리를 얻을 수 없게 된 거야.

고민을 거듭하던 마리아는 아버지가 살고 있던 미국으로 향했어. 한동안 미국의 자유를 만끽하던 그녀는 곧 정신을 가다듬고 배역을 얻으려고 노력했어. 하지만 그 당시 그리스의 오페라가 유명하지 않았기에 실력을 보이기도 전에 무시당하기 일쑤였지.

수차례의 도전 끝에 마침내 메트로폴리탄 오페라 하우스의 단장에게 인정을 받아 배역을 따냈지만, 마리아는 그 역할을 결국 할 수가 없었어. 15살의 가녀린 소녀 역할을 80kg이 넘는 자신이 한다면 관객에게 웃음거리가 될 뿐이라는 생각이 들었거든.

지난날 자신이 했던 노력을 떠올리며 이대로 주저앉을 수는 없다고 마음을 다잡던 그때, 미국행을 반대했던 스승의 권유가 생각났어.

"마리아, 오페라 가수로서 세계적인 명성을 얻고 싶다면 미국이 아니라 이탈리아로 가거라."

그길로 마리아는 미국 생활을 정리하고는 이탈리아로 가서 처음부터 다시 시작하는 마음으로 도전했어. 그렇게 노력한 끝에 〈라 조콘타〉를 통해 처음으로 이탈리아 무대에 설 수 있었지.

마리아가 이탈리아의 사업가였던 메네기니를 만나면서 그녀의 오페라 인생은 제2막을 열 수 있었어. 탁월한 예술적 감각을 지닌 메네기니와의 결혼으로 든든한 후원자를 얻은 그녀는 더욱더 오페라에 매진할 수 있었지.

'뚱뚱한 몸으로는 다양한 역할을 할 수 없어. 어떤 관객도 거구의 공주가 아리아를 부르는 모습을 보고 싶지는 않을 거야.'

마리아는 독하게 마음먹고 살을 뺐어.

"잘 했어. 노래뿐만 아니라 자기 관리도 중요해. 관객은 무대 위의 가수를 보면서 오페라에 빠져드는 거잖아."

살을 빼자 얼굴도 이전보다 예뻐 보였고, 뭐든지 할 수 있다는 자신감도 생겨났어. 주위 사람들의 칭찬마저도 아니꼽게 받아들이던 성격도 나아졌지. 그런 기세로 마리아는 배역을 따내기 위해 더욱 노력했고, 〈청교도〉라는 작품에서 작은 역할을 맡을 수 있었어.

'그래. 무슨 역할이든 열심히 할 거야. 그러다 보면 주인공 역할도 맡을 수 있겠지…….'

마리아는 작품에 참여하면서 언젠가는 다 자신에게 도움이 될 것이라는 생각에 자기가 낼 수 있는 모든 음역대의 역할을 연습했어.

"허, 이 일을 어쩐담. 큰일이네!"

공연을 며칠 앞둔 어느 날, 감독이 곤란한 표정을 지으며 연습장으로 들어왔어.

"무슨 일이세요?"

조감독이 놀라 물었지.

"주인공 엘비라 역을 맡은 마르게리타가 독감에 걸렸다지 뭐야? 광고도 다 해 놨고, 3일 후면 무대에 올려야 하는데 어떻게 하지? 연습할 시간도 거의 없는데, 누가 대역을 할 수 있겠냐고!"

감독은 난감했어. 그때 극의 클라이맥스에서 엘비라가 마침내 미쳐 버리는 장면을 아름답게 표현한 아리아가 어디선가 들려와 그의 귀를 사로잡았지.

"이 노래는 누가 부르는 거지?"

"이번에 새로 입단해서 단역을 맡은 마리아 칼라스입니다만……."

"한번 데려와 봐. 역할을 대신 맡길 수 있는지 시험해 봐야겠어."

감독의 테스트를 통과한 마리아는 졸지에 단역에서 주인공이 되었어. 그녀는 남은 기간 동안 엘비라 역할을 죽기 살기로 연습했지.

무대가 시작되자 감독은 마리아가 잘할 수 있을까 싶어 걱정스러운 얼굴로 지켜보았지만, 오페라가 진행될수록 감독의 얼굴은 점점 환해졌고 마침내 극이 끝났을 때는 누구보다 격하게 박수를 쳤어.

"마리아, 잘했어요. 아주 훌륭해!"

막이 내린 후에도 객석에서 박수 소리가 끊이지 않았고 감독 역시 매우 흡족해 하자, 그 모습을 본 마리아는 자신의 노력이 보상을 받은 것 같아 정말 기뻤어.

그렇게 프리마 돈나로서 첫발을 내딛은 지 얼마 후엔, 당대에 가장 유명했던 레나타 테발디 대신 〈아이다〉의 주인공 역할을 맡게 되었어. 에티오피아의 공주지만 전쟁 포로로 끌려와 이집트 왕궁에서 노예 생활을 하는 아이다로, 적국의 장군과 사랑에 빠져 비극적인 죽음을 맞는 역할이었지. 마리아는 극의 사실감을 높이기 위해 흑인으로 분장을 하고 누더기 같은 옷을 입은 채 열연을 펼쳤어.

"마리아 칼라스는 정말 대단한 것 같아요."
"그러게요. 그녀의 무대는 정말 감동적이에요."

막이 내리고도 사람들은 제자리를 떠나지 않았어. 어떤 소프라노도 이처럼 성격이 다른 배역을 짧은 기간 내에 완벽하게 소화해 낸 적이 없었기에 더욱 극찬을 받았지. 그렇게 마리아는 이탈리아에서 명성을 떨치면서 그 후로 많은 오페라의 다양한 역할을 맡았고, 그것을 완벽하게 자기 것으로 소화해 내기 위해 끊임없이 분석하고 연구하는 노력을 계속했어.

'노래는 단순히 목소리로만 하는 것이 아니야.'

맡은 역할에 자신의 혼을 불어넣고자 했던 마리아는 그 사람인 것처럼 상상하며 감정을 싣고, 역할의 성격도 나타내려고 애를 썼지.

"마리아 칼라스의 노래를 듣고 있으면 내가 꼭 등장인물이 된 것 같아요. 그녀의 감정이 절실하게 와 닿아서 극에 폭 빠져들게 돼요."

"그러게요. 그녀의 노래는 그냥 노래가 아니에요. 삶과 인생이 그대로 묻어나는 것 같아요."

마리아는 그 후로 미국과 유럽 전 지역의 극장에서 공연하거나 초청을 받으면서 본격적으로 마리아 칼라스의 시대를 만들어 나갔어. 미운 오리 새끼처럼 움츠리며 살아왔던 마리아는 신이 내린 목소리와 열정적인 노력을 통해 전 세계 최고의 오페라 하우스에서 여왕처럼 군림하였고, '오페라의 여신', '오페라의 처음과 끝' 등 다양한 별명으로 불리며 많은 사람들의 사랑을 받게 된 거야.

오페라

1. 오페라는 무엇일까?

오페라는 음악, 연극, 미술, 무용, 의상 등을 모두 포함하는 종합 예술 형태의 음악극을 말해. 오페라는 16세기 말 이탈리아에서 시작되었어. 초기의 대본은 그리스 비극이나 영웅 이야기에 한정되어 있었으나, 18세기부터 가볍게 쓰여진 희극적 오페라가 나타났고, 유럽 각지로 널리 퍼지면서 나라마다 특색 있는 오페라가 발달했지. 오페라와 뮤지컬은 모두 음악극이지만, 오페라는 뮤지컬보다 고전적이며 오케스트라로만 반주를 하는 데 비해, 뮤지컬은 좀 더 현대적이고 밴드로도 반주를 하며 역동적인 춤이 많이 보태졌다는 차이점이 있어.

오페라 공연 모습

2. 오페라의 구성 요소에는 어떤 것이 있을까?

- 서곡 : 막이 오르기 전에 극의 내용을 암시해 주는 오케스트라 곡이야.
- 간주곡 : 막과 막 사이에 연주되는 오케스트라 곡을 말해.
- 아리아 : 주인공들이 부르는 독창곡을 말해.
- 레치타티보 : 대사를 말하듯이 강세와 리듬을 붙여 노래하는 곡이야.
- 중창 : 두 사람 또는 몇 사람이 함께 노래하는 곡을 말해.
- 합창 : 여러 사람이 목소리를 맞추어 부르는 노래로, 화려한 장면이나 결말 부분에 군중 역할로 자주 사용돼.

3. 프리마 돈나는 무슨 뜻일까?

프리마 돈나는 이탈리아 어로 '제1의 여인'이라는 뜻이야. 오페라에서 주역을 맡은 여성 가수를 프리마 돈나, 주역을 맡은 남성 가수를 프리모 우오모라고 불렀어. 하지만 19세기 이후에는 보다 넓은 의미로 오페라 이외의 분야에서도 사용하게 되었지. 오페라에서 보통 프리마 돈나는 가장 중요한 소프라노 가수, 프리모 우오모는 테너 가수인 경우가 많아.

4. 세계의 유명 오페라 하우스

오페라 공연을 위해 지은 극장을 가극장 또는 오페라 하우스라고 해. 무대가 넓고 무대 앞쪽으로 오케스트라를 위한 공간이 있지.

밀라노의 라 스칼라는 오페라가 시작된 이탈리아의 대표적인 오페라 하우스로 〈나비 부인〉, 〈투란도트〉 등의 유명 오페라가 처음으로 공연된 곳이야. 파리 국립 오페라 하우스는 뮤지컬 〈오페라의 유령〉의 배경이 되었던 곳으로, 건축가 샤를 가르니에의 이름을 따서 '팔레 가르니에'라고도 불러. 미국 뉴욕에 있는 메트로폴리탄 오페라 하우스는 샤갈이 그린 '음악의 원천', '음악의 승리'라는 로비의 벽화 덕에 더 유명해졌어.

이탈리아 밀라노의 라 스칼라 오페라 하우스

프랑스 파리의 국립 오페라 하우스

🌸 마리아 칼라스의 경쟁자, 레나타 테발디

레나타 테발디는 마리아가 세상에 알려지지 않았을 때 이미 '라 스칼라의 여왕'으로 불리고 있었어. 마리아가 〈아이다〉에서 그녀의 대역을 하면서 주목받기 시작하자, 언론은 두 사람을 경쟁자로 언급하며 자극적인 기사를 쏟아냈지.

레나타 테발디(왼쪽)와
마리아 칼라스(오른쪽)

몇 년 후 며칠 간격으로 두 사람의 오페라가 라 스칼라에 올랐을 때 마리아가 더 많은 관객들을 모았고, 자존심에 상처를 받은 레나타는 이탈리아를 떠나 자신의 활동 무대를 미국으로 옮겨 버렸어. 1968년, 메트로폴리탄에서 공연을 하고 있는 레나타 테발디를 마리아 칼라스가 찾아가면서 두 사람은 극적으로 화해했다고 해.

🌸 오페라 여왕, 마리아 칼라스의 몰락

마리아 칼라스는 그리스의 선박왕으로 유명했던 애리스토틀 오나시스와 사랑에 빠져 자신의 후원자이자 남편이었던 메네기니와 이혼을 했어. 하지만 오나시스가 그녀를 버리고 미국 대통령이었던 케네디의 미망인, 재클린과 결혼하자 충격을 받아 목소리를 잃게 되었지. 1965년, 마리아는 45세라는 이른 나이에 은퇴 선언을 하고 프랑스 파리에서 살다가 1977년 갑작스런 심장마비로 세상을 떠났어.

세상에서 가장 특별한 여왕 이야기

9

합스부르크 가문의 모범적 통치자
마리아 테레지아

마리아 테레지아는 18세기 유럽 최대의 왕조였던
합스부르크 가문의 유일한 상속자였어.
비록 여성의 황위 계승권을 인정해 주지 않는 법 때문에
황제의 자리에 오르지 못하고 황후의 자리에 만족해야 했지만,
실질적으로 자신의 영토를 훌륭하게 다스렸지.
백성들을 위한 정치를 펼친 그녀의 삶을 한번 살펴볼까?

신성 로마 제국의 황제인 카를 6세는 자신의 무릎에 요정처럼 앉아 있는 어린 딸을 보자 가슴이 먹먹해졌어. 자신도 형처럼 대를 이을 아들이 없어서 남동생에게 황위를 물려주어야 하지 않을까 근심이 가득했거든. 여성은 황제가 될 수 없다는 법에 따라 순리대로 후계자를 정해야 했지만 도무지 마음이 내키지 않았어. 사랑스러운 어린 딸에게 자신의 모든 것을 넘겨주고 싶었지.

"아가, 이 아빠만 믿고 이대로 예쁘게만 자라다오."

아버지의 바람처럼 마리아 테레지아는 한 송이 꽃같이 어여쁘게 자랐어. 외모만큼 성격도 사랑스러워서 황실의 사랑을 독차지했지.

"이봐요, 안나! 안나도 그분을 본 적이 있지? 나는 여태까지 그분보다 멋진 사람을 본 적이 없어. 호수같이 깊은 눈으로 날 바라볼 때면 가슴이 마구 뛰는 것 같아."

마치 마법에 걸린 양 눈을 지그시 감고 꿈꾸듯이 말하는 마리아의 모습을 보던 안나는 빙그레 웃었어.

"그분이 누군데요?"

안나가 모르는 척하고 묻자, 마리아가 얼굴을 붉히며 말했어.

"프란츠 스테판, 로트링겐의 공작 말이야. 지금 빈으로 유학을 와 있는데, 난 날마다 꿈속에서 그분을 만나. 어젯밤에도 그랬지."

마리아는 틈만 나면 시녀들에게 프란츠에 대해 말하기를 즐겼어. 신성 로마 제국의 황녀이자 유럽 최대 왕조인 합스부르크 가문의 꽃, 마리아 테레지아가 사랑에 빠진 거야.

 마리아는 미남인데다 성격도 좋은 프란츠에게 푹 빠졌고, 카를 6세도 딸의 신랑감으로 그를 흡족해했어.

 "좋다. 결혼을 허락하마."

 아버지의 허락이 떨어지자, 마리아는 기뻐서 소리를 질렀어. 당시만 해도 황실의 결혼은 주로 정치적 목적에 따라 이루어졌기 때문에 사랑하는 사람과 결혼하는 것은 드문 일이었거든.

 두 사람은 많은 사람들의 축복 속에 결혼식을 올렸어. 결혼식 날, 오스트리아의 수도 빈은 온통 축제 분위기로 들썩였지.

 "선남선녀가 따로 없군요. 정말 잘 어울리는 한 쌍이에요."

마리아가 행복한 결혼 생활을 하던 어느 날, 시녀가 황급히 달려왔어.
"황제께서 위중하십니다. 황녀님을 찾고 계시니 빨리 가 보세요."
불길한 예감에 마리아의 가슴이 철렁했어.
"아버지, 기운을 내세요. 이대로 가시면 안 돼요!"
마리아는 애써 눈물을 참으며 카를 6세의 손을 꼭 잡았어.
"마리아, 우리 합스부르크 가문을 부탁한다. 네가 신성 로마 제국의 황제 자리를 물려받을 수 있도록 대비를 다 해놓았으니 아무 걱정하지 말거라. 프란츠, 자네는 마리아의 곁을 잘 지켜 주게."
카를 6세는 사위의 손을 붙잡고 마리아를 부탁하며 눈을 감았어.

카를 6세는 딸에게 자신의 모든 것을 물려주려고 많은 노력을 기울였어. 먼저 귀족들에게 무력을 써서 남녀를 떠나 합스부르크 가문의 혈육에게 황위를 물려줄 수 있다는 새로운 법을 인정하게 만들었어. 그 후에 모든 외교적 수단을 동원하여 주변 국가들을 회유하고, 때로는 전쟁을 치르면서 결국 '여성은 황위를 계승하지 못한다.'고 정한 법을 깨고 마리아의 상속을 인정하는 약속을 받아 내었지.

그런데 카를 6세가 죽자, 합스부르크 가문과 친·인척 관계에 있던 유럽의 왕실들은 앞다투어 합스부르크 가문의 상속권을 주장하며 영토를 빼앗아 가지려고 오스트리아에 쳐들어왔어.

사방에서 몰아치는 공격에 마리아는 정신을 차릴 수가 없었어. 특히 가난한 나라였던 프로이센을 빠르게 성장시킨 프리드리히 2세는 조직력을 앞세운 군대를 이끌고 와 그녀를 압박했지.

"슐레지엔을 프로이센에 넘기면 당신의 즉위를 인정하겠소."

프리드리히 2세가 굴욕적인 제안을 하자 마리아는 크게 분노하며 거절했어. 그러자 프리드리히 2세가 오스트리아에서 가장 부유했던 슐레지엔을 공격하면서 전쟁이 시작되었지.

잘 훈련된 프로이센의 군대에 맞서 패배를 거듭하던 오스트리아는 결국 슐레지엔 지방을 잃고 말았어. 게다가 바이에른의 제후였던 마리아의 사촌 형부는 반란군을 일으켜 자기야말로 진정한 신성 로마 제국의 후계자라며 나서기도 했지.

외교적·군사적 노력에도 불구하고 반란군을 잠재울 수 없었던 마리아는 결국 많은 영토를 전쟁에 참여한 나라에게 나누어 주었어. 그 후에야 각 나라들은 마리아 테레지아가 합스부르크 가문의 계승자임을 인정해 주었지. 하지만 여성의 황위 계승권을 인정해 주지 않는 '살리카 법' 때문에 신성 로마 제국의 황제 자리는 결국 그녀의 남편이었던 프란츠 1세에게 돌아갔어.

장장 8년간 계속되었던 오스트리아 왕위 계승 전쟁은 마리아에게 많은 깨달음을 주었어.

'왕위 계승 전쟁에 너무 많은 국력을 낭비했어. 이제는 백성들을 위해 나라를 안정시켜야 해!'

마리아는 정치에 관심이 없었던 남편 대신 실제로 신성 로마 제국의 황제 역할을 도맡아 했어. 그녀는 개혁을 통해 백성이 행복한 나라를 만들고 싶었지. 그들의 생활을 자주 살펴보던 어느 날, 굳은 결심을 한 마리아는 신하들을 불러 말했어.

"신성 로마 제국에서 농노제를 없애겠습니다."

고개를 저으며 술렁거리던 신하들 중 한 명이 나서서 말했어.

"여왕 폐하, 명령을 거두어 주십시오. 귀족들의 반대가 만만치 않을 것입니다."

"물론 그럴 것입니다. 그렇다고 모르는 척할 수는 없습니다. 들판에서 일을 하는 농노들을 본 적이 있습니까? 얼굴에는 온통 근심이 가득하고 힘이 하나도 없어 보였습니다."

사랑을 듬뿍 받고 자란 만큼 사랑을 베풀 줄 알았던 마리아는 귀족들의 지배를 받던 농노들을 볼 때마다 마음이 아팠어.

"입장을 바꾸어 생각해 보세요. 죽어라 일만 해야 하는 삶을 누가 살고 싶겠습니까? 일한 만큼의 대가가 돌아와야 일할 맛이 나지 않을까요?"

마리아는 뜻을 굽히지 않았어. 예상대로 수많은 귀족들이 반대를 하고 일어났지만, 그들을 설득하고 때로는 무력을 사용하여 결국 농노를 해방시켰지. 자유를 얻은 농노들이 두 팔을 걷어붙이고 일하자 노동 생산량이 대폭 늘어났어. 농업이 눈에 띄게 발전하자 상업과 수공업도 함께 발전하였지.

마리아는 발전시킨 경제의 내실을 다지는 데에도 최선을 다했어.

"세금 제도를 개선할 방안을 궁리해 보세요. 귀족과 성직자들은 세금을 내지 않는 지금의 상황은 몹시 불공평합니다. 모든 사람이 공평하게 세금을 내도록 제도를 바꾸세요."

"많은 귀족과 성직자들이 반대할 것입니다. 세금 제도를 고치는 것은 시간을 두고 신중하게 생각하셔야 합니다."

신하들이 여왕의 생각에 반대를 하고 나섰지만, 긴 전쟁을 겪은 그녀는 자기 것을 확실히 지켜 내고 소신을 굽히지 않는 강인한 여인으로 성장하였지.

"물론 그 점도 깊이 생각하였습니다. 하지만 무슨 일이든 반대하는 사람들은 있기 마련입니다. 반대가 있다고 해서 시도조차 하지 않는 것은 바보 같은 짓이지요. 세금 제도를 개선하는 것으로 억울한 사람이 생기지 않도록 상세하고 명확한 규정을 똑같이 적용하는 일에 더욱 신중하면 될 것입니다."

마리아는 나라에 들어오는 돈을 꼼꼼하게 관리하고 그렇게 마련한 돈으로 공공 설비와 사회 복지 시설을 마련해 나갔어. 또한 수많은 인재들을 뽑았고 그들의 의견에 귀 기울였어. 나라를 발전시키기 위한 토론을 계속하면서 자신의 부족함을 채우기 위해 그들의 충고를 받아들이는 것을 망설이지 않았지.

어느 날, 아이들이 가정 교사와 공부하는 모습을 보던 마리아는 생각에 잠겼어.

 '우리 아이들만 이런 혜택을 받을 게 아니라 모든 아이들이 기본 교육을 받을 수 있는 학교를 세운다면 나라에 보탬이 될 텐데…….'
 당시에는 변변한 학교가 없었기 때문에 귀족이나 부유한 상인들의 아이들만 가정 교사를 통해 교육을 받을 수 있었어.
 "귀족이 아니어서, 돈이 없어서 교육을 받지 못하는 일이 생기지 않도록 전국에 초등학교를 세우도록 하세요. 모든 아이들은 의무적으로 학교에 다녀야 합니다. 그곳에서 살아가는 데 필요한 기초적인 지식을 얻을 수 있도록 가르치세요."

마리아의 명령에 따라 학교를 짓고 교과서를 만드느라 온 나라가 바쁘게 움직였어.

"엄마, 이제 나도 공부할 수 있는 거야?"

"그렇다고 하는구나. 열심히 공부해서 훌륭한 사람이 되어야 한다."

지금이야 학교에 다니며 교육을 받는 것이 당연한 일이지만, 그 당시에는 어느 나라에도 없었던 획기적인 일이었기에 이 소식을 들은 평민들은 꿈에 부풀었어. 나이가 들었지만 어린 아이들과 함께 학교에 다니는 사람들도 있었다고 해.

백성들의 행복을 위하여 일하는 사이 세월은 물처럼 흘러 영원히 함께할 줄 알았던 남편이 그녀의 곁을 떠나갔어. 마리아는 그 후 15년이나 상복을 입고 지내다 그토록 그리던 남편 곁으로 갔지.

상복을 입고 업무를 보는 마리아 테레지아

마리아 테레지아와 프란츠 슈테판의 무덤

옛날의 군주답지 않게 백성들에 대한 사랑이 컸던 마리아 테레지아는 왕위 계승을 위해 주변 국가와 충돌을 겪으면서도 가급적 전쟁을 피하려고 애썼어. 그녀는 전쟁터로 보낸 군사가 몇 명이고 그 중 몇 명이 돌아왔는지 정확히 알고 있을 정도로 병사들을 자식처럼 아꼈다고 해.

 1740년에서 1780년 사이의 유럽 세계는 기존 강대국과 신흥 강대국들 간의 치열한 다툼이 끊이지 않았어. 이 시기에 합스부르크 가문을 실질적으로 통치했던 마리아는 여러 가지 개혁들을 추진하면서 신성 로마 제국이 근대 국가로 들어설 수 있는 기반을 마련해 주었던 거야.

 마리아의 개혁들이 성공적으로 이루어지자 신성 로마 제국은 평화로운 발전기를 맞게 되었어. 혼란스런 유럽 사회에 비해 안정적인 곳에서 활동하고자 했던 음악가들이 몰리면서 수도 역할을 했던 오스트리아의 빈은 유럽 문화의 중심지가 될 수 있었지. 오늘날까지도 오스트리아 빈은 가장 위대한 음악가인 베토벤, 모차르트 등이 활약했던 유럽 고전 음악의 도시로 알려져 있어.

합스부르크 가문과 마리아 테레지아

1. 유럽 최대의 왕실, 합스부르크 가문

합스부르크 가문의 시조는 10세기경 스위스 북부 지방의 작은 영주였던 군트람이라는 사람이야. 11세기에 합스부르크 산성(매의 성)을 쌓은 후 가문의 이름을 합스부르크라고 하였지. 합스부르크 가문이 유럽 왕실의 주요 가문으로 등장한 것은 13세기에 루돌프 1세가 신성 로마 제국의 황제 자리를 차지하고 난 후야. 강력한 세력을 가진 독일 지역의 제후들이 서로를 견제하다가 가장 약했던 합스부르크 가문에서 뜻밖에 황제의 자리를 차지한 거지. 그 이후 정략결혼과 전쟁 등의 방법으로 세력을 넓혀 가 16세기에는 프랑스를 제외한 거의 대부분의 유럽 대륙이 합스부르크 가문의 영토가 되었어. 마리아 테레지아는 그런 가문의 모범적인 통치자였지. 그녀가 죽은 후 합스부르크 가문을 계속 견제하였던 프랑스와 사이가 좋지 않다가, 결국 나폴레옹과의 전쟁에서 패하면서 1806년 신성 로마 제국은 역사 속으로 사라졌어. 그 이후로는 신성 로마 제국의 황제가 아닌 오스트리아의 황제라고 불렸어.

합스부르크 가문의 왕궁인 쇤부른 궁전. 오스트리아 빈에 위치해.

마리아 테레지아 때의 문장

2. 마리아 테레지아의 아이들

마리아 테레지아는 16명의 아이를 두어서 '유럽의 어머니'라고 불렸을 정도야. 장남이었던 요제프 2세는 신성 로마 제국의 황제가 되었고, 차남이었던 레오폴드 2세 역시 형을 이어 제국의 황제 자리를 차지했지. 장녀였던 마리아 크리스티나는 네덜

프란츠 1세와 마리아 테레지아의 아이들

란드를 통치했고, 차녀 마리아 아밀리아는 파르마 공작과 결혼해 팔마의 왕후가 되었어. 마리아 테레지아의 사랑을 많이 받았던 막내딸 마리 앙투아네트는 프랑스의 루이 16세와 결혼하여 프랑스의 왕후가 되었다가 프랑스 대혁명 때 단두대에서 반역자로 처형당했어.

3. 프란츠 1세는 어떤 남편이었을까?

마리아 테레지아와 결혼하고 신성 로마 제국의 황제 자리에 올랐던 프란츠 1세는 이름뿐인 황제였다고 해. 죽을 때까지 독일어를 배우지 않고 프랑스 어를 사용할 정도로 정치에 관심이 없어 오스트리아 궁정 사람들에게도 부인의 허수아비 취급을 당했지. 대신 프란츠 1세는 경제와 과학 분야에서 신성 로마 제국에 도움을 줬어. 왕위 계승 전쟁을 치르느라 돈이 부족했던 신성 로마 제국이 국채를 발행할 때 프란츠 1세가 개인적인 재산을 담보로 보증을 섰어. 그리고 쇤부른 궁전에 곤충과 광물 등을 분류하여 식물원과 동물원 등을 만드는 일에 큰 관심을 보이며 주도했다고 해.

🌸 마리아 테레지아의 적수, 프리드리히 2세

마리아 테레지아는 방어에 목적을 두고 되도록 전쟁을 피하고자 했어. 그런 그녀가 끝까지 포기하지 못했던 곳이 바로 프로이센에 빼앗긴 슐레지엔 지방이었지. 프리드리히 2세의 공격에 슐레지엔 지방을 빼앗긴 마리아 테레지아는 전쟁을 벌이기도 하고 외교적으로 동맹국의 힘을 빌어 프로이센을 고립시켰지만 끝내 슐레지엔 지방을 되찾지 못했어.

프리드리히 2세는 유럽에서 가장 활발한 경제 도시였던 슐레지엔 지방을 차지하면서 독일 지역에서뿐만 아니라 유럽에서 새로운 강자로 인정받을 수 있었어.

프리드리히 2세

🌸 마리아 테레지아가 모차르트를 사위로 삼았다면?

마리아 테레지아는 젊었을 때 오페라 가수를 꿈꿀 정도로 춤추고 노래 부르는 것을 좋아했었기에 많은 음악가들을 지원해 주었어. 그래서 많은 음악가들이 쇤부른 궁전이 있었던 빈에서 활동했는데, 그중 모차르트와 관련된 일화가 있어.

1762년, 6살이었던 모차르트의 천재적인 연주를 듣고 난 마리아는 그에게 소원을 들어주겠다고 했어. 그러자 모차르트는 이내 그녀의 무릎에 앉아 있던 마리 앙투아네트와 결혼을 하고 싶다는 말을 했다고 해.

세상에서 가장 특별한 여왕 이야기

10

은막의 여왕에서 모나코의 왕비가 된

그레이스 켈리

우아한 미모와 뛰어난 연기력으로 아카데미
여우 주연상을 받으며 영화계의 여왕이 된 그레이스 켈리는
모나코의 레니에 3세와 결혼하면서 인생의 전환점을 맞았어.
자신의 결점을 극복하고 배우로서 정점에 섰던 그녀는
또 다른 노력을 통해 완벽한 모나코의 왕비가 되어
전 국민, 나아가 세계인들의 마음을 사로잡았지.
그녀의 매력적인 삶을 한번 살펴볼까?

"지나치게 키가 크군. 너무 이지적으로 생긴 거 아냐?"

순종적인 여인상을 원하던 당시의 할리우드 분위기는 그레이스 켈리에게 불리했어. 지금은 긍정적으로 평가받는 그녀의 이미지가 당시의 영화 관계자들에게는 지적의 대상이 되었던 거야. 하지만 그녀는 포기하지 않았어. 외모는 자신의 노력으로 바꾸는 데 한계가 있었지만, 부족한 발성과 어색한 억양 등은 피나는 연습 끝에 모두 바꿀 정도였지.

집안의 반대를 무릅쓰고 배우가 되기 위해 홀로 뉴욕의 미국 극예술 아카데미에 다니면서 그레이스는 다양한 오디션에 도전했어.

꾸준한 노력과 도전 끝에 1951년, 〈14시간〉이라는 작품으로 꿈에 그리던 영화계에 진출한 그레이스는 다음 해에 〈하이 눈〉에서 빛나는 연기력을 선보이며 얼굴을 알리고 상업적으로도 성공했지. 그녀는 매 작품마다 무섭게 발전을 거듭했어.

"스와힐리 어로 '그만하세요'가 뭐죠?"

1953년, 아프리카에서 〈모감보〉를 촬영할 때였어. 다른 배우들은 촬영지에 적응하기 급급해 했지만, 그레이스는 영화의 분위기를 살리기 위해 원주민 언어를 배웠던 거야. 이런 노력은 그레이스를 좋게 보지 않던 영화 관계자들조차 그녀를 달리 보게 만들었지. 게다가 〈모감보〉는 전 세계적으로 흥행하면서 그레이스가 정상급 배우로 자리매김하는 데 큰 도움이 되었어. 이 영화로 그레이스는 아카데미 여우 조연상 후보에 올랐고, 골든 글로브 여우 조연상을 받는 영예를 누렸지.

그레이스의 영화 인생은 20세기를 대표하는 스릴러 감독, 앨프리드 히치콕과 작품을 함께하면서 날개를 달았어. 〈다이얼 M을 돌려라〉, 〈이창〉, 〈나는 결백하다〉 세 편의 작품을 연이어 하면서 기품 있고 우아한 그녀 고유의 이미지는 더욱 강해지고, 연기력 역시 대중들에게 크게 각인되면서 영화계에서 명성을 높였지. 여배우로서 그레이스의 인생은 절정을 향해 가고 있었던 거야.

1954년, 그레이스는 〈갈채〉라는 운명의 작품을 만났어. 알코올에 중독된 남편을 다시 일으키기 위해 헌신적으로 노력하는 생활고에 찌든 부인 역할이었지. 그녀는 이 역할을 사실적으로 연기해 내면서 당당히 제27회 아카데미 여우 주연상을 차지했어.

"그레이스, 바닷바람을 오래 쐬면 피부가 거칠어져!"

"괜찮아요. 이렇게 좋은 바람을 어떻게 안 쐬겠어요?"

그레이스 켈리 일행은 프랑스에서 열리는 칸 영화제에 참석한 후 촬영을 위해 모나코로 가는 길이었어.

"정말 아름다운 나라예요. 이런 곳에서 살면 얼마나 좋을까요?"

"허허허, 그럼 이곳으로 시집오면 되겠네."

촬영 감독의 농담을 끝으로 일행은 배경 좋은 곳으로 가서 사진을 찍기 시작했어. 사진을 거의 다 찍었을 무렵 점잖아 보이는 신사가 촬영 감독에게 다가와 말을 건넸지.

"그레이스, 레니에 공작이 우리를 저녁 식사에 초대한대!"

"레니에 공작이라고 하면, 여기 모나코를 다스리는 왕 말인가요?"

일행은 흥분한 얼굴로 약속 장소에 나갔어. 고급스러운 레스토랑에는 레니에 공작을 비롯한 수행원들이 먼저 나와 있었지.

"나는 레니에 그리말디라고 하오. 만나서 반갑소."

"안녕하세요? 그레이스 켈리입니다. 모나코의 왕을 직접 만나 뵙게 돼서 영광입니다."

"하하하! 무슨 말씀을. 할리우드의 여왕을 만났으니 오히려 내가 영광이지요."

그레이스는 레니에 공작의 배려로 즐겁게 식사를 할 수 있었어. 식사 중에 그와 눈이 마주칠 때면 가슴이 떨리기도 했지. 레니에 공작은 그레이스 켈리 일행을 왕궁으로 초대해 유쾌한 시간을 보내기도 했어.

며칠이 지나 그레이스 켈리 일행이 모나코를 떠날 준비를 하고 있을 때였어. 지난번에 왔던 신사가 그레이스를 다시 찾아왔지.

"켈리 양, 잠깐만 시간을 내주시겠습니까? 공작님께서 기다리고 계십니다."

그레이스는 무슨 영문인지 궁금해하며 신사를 따라갔어. 레니에 공작은 단둘이 있게 되자 조심스럽게 얘기를 꺼내기 시작했지.

"그레이스, 나와 결혼을 전제로 사귀어 보지 않겠소?"

그레이스는 갑작스러운 말이라 놀라기는 했지만, 레니에 공작에게 마음이 끌렸기에 가만히 고개를 끄덕였어.

미국으로 돌아온 그레이스는 레니에 공작과 편지를 주고받으며 서로를 알아갔어. 때때로 공작은 그녀를 만나기 위해 미국을 방문하기도 했지. 만남이 계속될수록 그레이스는 자신이 과연 한 나라의 왕비 역할을 잘할 수 있을까 고민에 빠졌어. 배우로서의 삶은 어떻게 해야 하나 생각하다 보면 잠을 이룰 수 없을 정도였지.

그레이스가 쉽게 결정을 내리지 못하고 그 해 마지막 연휴를 가족과 함께 보내던 때였어. 업무가 바쁘다던 레니에 공작이 직접 필라델피아에 있는 본가로 그레이스를 찾아온 거야. 그는 주머니에서 한눈에 보기에도 고급스러운 반지를 꺼내며 청혼을 했어.

"그레이스, 궁전은 혼자 지내기엔 너무 넓소. 나와 결혼해 주시오."

"레니에, 저는……."

"바로 대답할 필요는 없으니 지금은 그냥 이 시간을 즐깁시다."

결혼에 대해 부정적인 결론을 내릴 때마다 자신도 모르게 레니에 공작의 얼굴이 자꾸만 눈앞에 어른거리는 상황이 반복되자, 그녀는 마음을 정하고는 〈상류 사회〉라는 영화를 찍을 때 그가 건넨 반지를 끼고 출연하여 청혼을 받아들인다는 신호를 보냈어.

그레이스가 청혼을 수락하자 결혼은 거침없이 진행되었고, 결혼식 당일에는 세계의 이목이 모나코에 집중되었어. 아름다운 여배우와 모나코 왕의 사랑 이야기에 기자들과 많은 사람들의 관심이 쏠렸거든. 웨딩드레스를 입은 그레이스는 그 어느 때보다 아름다웠고, 레니에 공작과 그녀는 동화 속 왕자와 공주처럼 보였지. 둘은 그렇게 많은 사람들 앞에서 영원한 사랑을 맹세했어.

　그러나 결혼 생활, 특히 한 나라의 왕비로서의 삶이란 그렇게 행복하기만 한 것은 아니었어.
　"왕비님, 프랑스 어를 공부할 시간입니다. 그리고 잠시 뒤엔 각국 대사관 부인들과의 만찬에 참석하셔야 합니다."
　왕궁에서의 생활은 할리우드에서 배우로 활동할 때와는 확연히 달랐고 개인의 자유는 없었지. 하고 싶은 말이 있어도 참아야 했고 행동도 함부로 해서는 안 됐거든. 솔직한 성격의 그레이스에게는 잘 맞지 않는 일이었지만, 그녀는 왕비답게 행동하려고 노력했어.

"왕비님이 그렇게 사치스럽다네요. 그렇지 않겠어요? 할리우드의 유명한 배우였잖아요."

"어머, 그래요?"

"프랑스 어도 못한대요. 게다가 좀 경박스러운 것 같지 않아요?"

그레이스를 시샘하는 사람들이 퍼뜨리는 헛소문과 근거 없는 기사들, 전 세계에서 쏟아지는 관심은 그녀를 힘들게 했어. 하지만 남편인 레니에 3세는 아내의 이런 마음을 헤아려 주기에는 너무 바빴지.

'내가 꿈꿔 왔던 결혼 생활은 이런 게 아니었어. 왕비가 아니어도 좋으니 남편의 사랑을 받으며 평범하게 살고 싶었는데…….'

사실 배우라는 목표를 향해서만 노력했던 그레이스에게 모나코의 왕비 역할은 전혀 수행할 준비가 되어 있지 않은 배역과도 같았어. 짧았던 약혼 기간만큼 그레이스는 모나코 왕국에 대해 아는 것이 별로 없었고, 모나코 왕실 사람들은 왕실 예법에 무지한 그레이스를 그리 반기지 않았지.

개인의 행복보다는 짊어져야 하는 현실적 책임이 훨씬 컸고 의지할 곳 하나 없는 상황이었지만, 그녀는 긍정적인 태도를 잃지 않았어.

"이것이 피해갈 수 없는 현실이라면 견뎌 내고 즐겨야겠지."

그레이스는 처음 영화를 찍기 위해 도전했던 시절을 떠올리며 왕비로서의 품격을 갖추기 위해 더 열심히 노력했어. 그 덕분에 캐롤라인 공주와 알베르 대공을 차례로 낳고 차차 모나코의 왕비로서 안정을 찾을 수 있었지.

작은 도시 국가였던 모나코는 당시 국제 정세의 영향을 받아 프랑스와의 사이가 원만하지 않았어. 게다가 레니에 3세가 추진했던 개혁들에 대해 프랑스 대통령인 샤를 드골이 유감을 표하자, 레니에 3세는 정상 회담을 위해 그레이스와 함께 파리를 방문했지.

그레이스는 왕비로서의 정치적 역할을 수행하고자 많은 정보를 철저히 준비해 가서 회의장 분위기를 부드럽게 주도해 나갔어.

프랑스 언론에서「모나코의 왕비, 그레이스 그리말디는 엘리제 궁(프랑스 대통령의 관저)을 완벽하게 장악했다」며 보도하자, 레니에 3세가「아내야말로 모나코 최고의 외교관」이라며 이야기할 정도였지.

막내 스테파니 공주가 태어났을 때, 레니에 3세는 크게 기뻐하며 그레이스에게 고마움을 표하기도 했어.

"그레이스, 당신이 모나코 왕국을 지켜 주었어. 대를 이을 후손이 없을 때는 프랑스에 합병되기로 되어 있었는데, 이제 이렇게 많은 자식을 얻었으니 얼마나 기쁜지 모르겠소."

"다른 사람들에게는 부끄럽지 않은 인간으로 기억되기를 바라지만, 당신에게는 그저 사랑스러운 한 여자로 기억되고 싶어요."

그녀는 남편의 사랑을 받는 아내, 모성애가 풍부한 엄마, 나라를 사랑하는 왕비로서 모든 역할을 완벽히 해 나가고 있었지.

어느새 '차가운 이방인'이라 여겨지던 그레이스는 '우리의 여왕님'이라 불릴 정도로 모나코 국민들의 열렬한 사랑을 받았고, 그 사랑은 모나코 왕실에 대한 지지로 이어졌어.

그러던 어느 날, 그레이스는 남편의 근심 어린 얼굴을 보았어.
"무슨 일이세요?"
"아무것도 아니오."
"솔직하게 말씀해 주세요. 저도 왕비로서 나라가 어떤 어려움에 처해 있는지는 알고 있어야 하잖아요."
"사실은 나라의 재정 상태가 좋지 않소. 뿐만 아니라 우리 모나코는 조그만 나라이다 보니 여러 가지 힘든 일이 많이 있지."
그레이스가 거듭 물어보자 레니에 3세는 속마음을 털어놓았어.
"그랬군요. 제가 도울 수 있는 방법은 없을까요?"
"내가 알아서 할 테니 당신은 걱정하지 말아요."
그러나 몰랐다면 모를까 가만히 손을 놓고 있을 수 없었던 그레이스는 테라스에 서서 모나코 시내를 내려다보며 생각에 잠겼어. 그때 문득 자신이 처음 모나코를 방문했을 때의 일이 생각났지.
'그래. 모나코는 내가 첫눈에 반할 만큼 아름다운 나라야.'
그레이스는 많은 사람들이 모나코를 찾을 수 있도록 노력을 아끼지 않았어. 그녀는 전 세계의 수많은 언론과 인터뷰도 하고, 때로는 모나코의 명소에서 관광객들을 맞이하거나 함께 사진을 찍기도 했지.
"관광객들이 편하게 모나코를 즐길 수 있도록 친절하게 대하세요. 특히 그들에게 바가지를 씌우거나 하면 안 됩니다."
그레이스 때문에 세상의 주목을 받았던 모나코에는 더 많은 관광객이 몰려들었고 이는 나라 재정에 큰 도움이 되었어.

앨프리드 히치콕 감독은 그레이스 켈리에 대해 '무서운 정열을 갖고 있지만, 그것을 과시하려 하지 않는 여자'라고 말한 적 있어. 그녀는 짧은 경력에도 불구하고 기품 있고 우아한 외모와 연기에 대한 열정으로 '은막의 여왕'이라는 수식어를 얻었고, 미국 영화의 전설적인 50명의 배우 중 한 사람으로 뽑히기도 했지. 그런 그녀가 더욱 세계의 주목을 받은 까닭은 할리우드의 여왕에서 모나코의 왕비로, 현대판 신데렐라 이야기의 주인공이었기 때문일 거야.

모나코의 왕비가 된 여배우, 그레이스 켈리

1. 골든 글로브상과 아카데미상은 무엇일까?

골든 글로브상은 할리우드의 외국인 기자 협회가 1944년부터 영화 및 텔레비전 프로그램 등과 관련된 사람들에게 주는 상을 말해.

아카데미상은 1927년에 설립된 미국 영화 예술 과학 아카데미가 1928년부터 해마다 영화인에게 주는 상이야. 영화 제작의 주체들이 모인 아카데미 회원 전원이 작품, 감독, 배우, 기술, 음악

아카데미 여우 주연상을 받는 그레이스 켈리

등의 여러 분야에서 우수한 작품이나 사람을 선정하여 '오스카'라는 조각상을 트로피로 주기 때문에 '오스카상'이라고 불리기도 해.

2. 모나코 왕국은 어떤 나라일까?

모나코 왕국은 유럽 지중해 연안에 있는 작은 도시 국가로, 바티칸 시국에 이어 세계에서 두 번째로 영토가 작은 나라야. 1297년 이탈리아 제노바의 이름 있는 집안이었던 그리말디 가문의 프란체스코가 세웠지. 프랑스와 이탈리아의 국경선이 맞닿는 지역에 있기 때문에 강대국들의 이해관계에 얽혀 역사적으로 많은 간섭을 받기도 했어.

특히 프랑스 어를 공용어로 사용할 만큼 프랑스의 영향을 많이 받았어. 1861년 프랑스와 맺은 조약에 따라 주권을 인정받고 보호를 받았으며, 1918년에는 모나코 왕실의 후손이 끊어질 경우 프랑스에 귀속한다는 조약을 맺기도 했지. 지금까지도 국방에 관한 권리는 프랑스에 위임되어 있을 정도야.

모나코 왕국의 모습. 면적이 약 2km²로 울릉도 나리 분지와 비슷한 크기야.

3. 레니에 3세의 개혁 정치

세계 경제 대공황과 1, 2차 세계 대전을 겪으면서 모나코 왕국이 어려웠던 시기에 왕위에 오른 레니에 3세는 관광·금융·카지노 사업을 중심으로 경제를 크게 발전시켰어. 여기에는 왕비였던 그레이스 켈리의 도움이 컸다고 해. 게다가 그는 프랑스의 영향력에서 벗어나기 위해 새로운 헌법을 공포하고 국민 의회를 다시 여는 등 개혁에 힘썼으며, 1993년에는 국제 연합에 가입하여 모나코의 국제적 위상을 높이기도 했어.

그레이스 켈리와 레니에 3세

❀ 한국 관련 영화에 그레이스 켈리가 출연했다고?

〈원한의 도곡리 다리〉는 6.25 전쟁에 대한 미국인들의 고뇌와 희생정신을 다룬 영화야. 동해에서 작전 중인 미 해군 항공 모함에 북한군의 주요 보급로인 도곡리 다리를 폭격하라는 명령이 떨어지는 것을 줄거리로 하는데, 그레이스 켈리는 미 해군 전투 조종사의 아내로 출연하여 현모양처 역할을 훌륭히 해냈어.

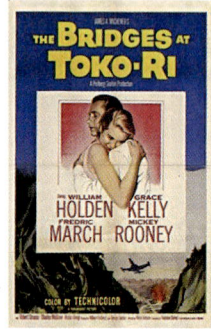

〈원한의 도곡리 다리〉

❀ 모나코의 대표적인 관광 명소는 어디일까?

- 모나코 해양 박물관 : 해양 연구자이자 모나코 대공이었던 알베르 1세가 바다에 대한 끊임없는 관심을 바탕으로, 1910년에 세운 곳이야. 거대한 규모와 다양한 전시물로 유명하며 오늘날 모나코를 대표하는 관광 명소가 되었어.

모나코 해양 박물관

- 모나코 그랑프리 : 매년 5월에 열리는 자동차 경주 대회로, 모나코의 일반 도로를 경주에 이용하는 것으로 유명해. 그레이스가 운전을 하다가 사고로 목숨을 잃었을 만큼 모나코의 도로는 구불구불하고 위험하기로 악명이 높아.

세상에서 가장 특별한 여왕 이야기

11

어떤 차르보다 더 러시아를 사랑한
예카테리나 2세

차르는 러시아 제국의 황제를 일컫는 말이야.
예카테리나 2세는 러시아 인이 아닌 이방인으로
남편이었던 표트르 3세를 몰아내고 차르의 자리에 올랐어.
그녀는 이름, 종교, 언어까지 모든 것을 바꾸는
노력 끝에 대러시아 제국을 차지했지.
러시아를 발전시킨 공로를 인정받아 대제라는 칭호를 얻고
표트르 대제 이후 가장 부강한 러시아를 만들었던
그녀의 노력을 살펴볼까?

러시아는 표트르 대제가 죽은 후 37년 동안 7명의 차르가 바뀌는 혼란기에 빠졌어. 이 어지러운 시기를 진정시킨 이는 프로이센의 가난한 귀족 가문 출신인 소피 프리데리케 오귀스트였지.

"소피, 프랑스 어를 공부할 시간이구나. 선생님께서 오셨으니 얼른 준비하렴."

정원에서 놀던 소피가 공부방으로 들어가자 그 모습을 흐뭇하게 바라보던 소피의 어머니는 살짝 웃었어. 소피의 아버지는 독실한 가톨릭 신자로 소박한 삶을 원하였지만, 교양과 체면을 중요하게 생각했던 소피의 어머니는 소피를 왕족으로 만들고 싶었지. 그래서 넉넉하지 않은 형편에도 프랑스 인 가정 교사를 들여 공부를 시켰어. 다행히도 소피는 어머니의 바람을 잘 따라 주었고, 소피가 성장하는 모습을 지켜보는 것은 그녀의 유일한 즐거움이었지.

"이젠 승마도 배우기로 하자. 틈틈이 책을 읽으면서 교양을 쌓는 것도 게을리하면 안 된다. 왕족이라면 승마는 기본이고 폭넓은 지식을 가지고 있어야 한다는 것을 명심하거라!"

소피는 어머니의 영향을 받아 황제나 여왕에 대한 막연한 환상을 가진 숙녀로 자라났어.

"소피, 믿을 수 없는 일이 일어났구나! 러시아 황실에서 너에게 청혼이 들어왔단다."

소피는 러시아 출신도 아닌데다 가문도 황실과 결혼하기에는 너무 평범했기에 기적에 가까운 행운이 찾아온 것이었지.

"소피, 지금까지 배웠던 것을 토대로 멋진 인생을 살아야 한다!"

어머니의 당부를 뒤로 하고 러시아에 도착한 소피는 러시아 황실에 맞춰 자신의 모든 것을 바꿨어. 먼저 종교를 가톨릭에서 러시아 정교회로 바꾸고, 이름도 소피에서 정교회 세례명인 예카테리나로 바꿨지. 그렇게 러시아 사람으로 다시 태어난 예카테리나는 16살에 훗날 표트르 3세가 되는 황태자 카를 울리히와 결혼했어.

그러나 결혼 생활은 행복하지 않았어. 카를은 몸과 마음이 유약하였고 오로지 자신의 관심사에만 빠져 예카테리나에게 무관심했거든. 그녀는 남편의 사랑을 받지 못한 채 외로운 날들을 보내야 했지.

어떤 차르보다 더 러시아를 사랑한 예카테리나 2세 153

'사랑하고 사랑받으며 행복하게 살고 싶었는데……. 사랑은 내 뜻대로 되는 게 아닌가 봐. 그렇다고 고향을 떠나 러시아까지 왔는데, 이렇게 지낼 수는 없지. 황태자비의 역할 만큼은 제대로 해내겠어!'

예카테리나는 남편과의 사이가 좋지 않은 것이 마음에 걸렸지만, 황태자비로서의 삶은 한번 제대로 살아 보고 싶었어. 그래서 자신이 할 수 있는 것부터 시작하기로 했지. 러시아의 언어부터 시작해 문화, 역사 등 러시아 전통을 익히는 데 몰두했어. 러시아에 대한 것이라면 러시아 사람보다 더 많이 알 정도였지. 예카테리나는 남편에게 외면당할수록 그 공허함을 러시아를 사랑하는 일에 쏟아부었어.

"예카테리나, 진정 러시아 사람이 다 되었군요. 황후가 될 자격이 충분해요."

예카테리나를 황태자비로 선택했던 차르, 엘리자베타는 그녀의 노력하는 모습을 보며 흡족해했고, 황태자비의 언행은 황실 사람들의 호감을 사기에 충분했어. 러시아 황실이나 정치에 관심이 없었던 황태자보다 예카테리나를 더 신뢰할 정도였지. 그렇게 그녀에게 무한한 신뢰를 보이던 엘리자베타가 갑자기 세상을 떠나자 예카테리나는 목이 잠겨 말을 하지 못할 정도로 울며 장례 기간 동안 진심으로 슬퍼했고, 그 모습에 많은 러시아 인들이 감동을 받았다고 해.

1761년 12월, 예카테리나의 남편인 카를 울리히가 러시아의 새로운 차르에 등극하여 표트르 3세가 되었지만, 자기중심적인 그의 성격은 변하지 않았어.

특히 러시아와 전쟁 중이던 프로이센의 편을 들고 러시아 황실에 프로이센 세력을 끌어들이는 등 러시아를 곤경에 빠뜨리는 일을 저질렀어. 그는 차르가 된 후 어리석은 행동으로 자신의 권위를 떨어뜨렸지.

"정말 걱정이 됩니다. 머지않아 표트르 3세 때문에 러시아는 망할지도 몰라요."

귀족들은 러시아의 이익은 생각지도 않는 표트르 3세를 신뢰하지 않았고, 차르에 대한 불만은 점점 쌓여 갔어. 예카테리나가 보기에도 남편은 한심하기 짝이 없었지.

'더 이상 두고 볼 수는 없어. 이대로 내버려 두면 저 사람이 또 무슨 짓을 할지 몰라. 결단을 내려야 해!'

예카테리나는 남편인 표트르 3세가 나라를 통치할 능력이 없다는 것이 분명해지자 스스로 러시아를 통치할 계획을 세우고 차근차근 준비해 나갔어. 먼저 군대를 자기편으로 만들고 그 후에는 궁정의 귀족들과 지식인들의 지지를 받아냈지.

드디어 준비를 끝낸 예카테리나는 1762년 7월, 자신을 따르는 군대를 이끌고 남편을 차르의 자리에서 끌어내렸어. 지지 세력이 없었던 표트르 3세는 힘없이 물러날 수밖에 없었지.

성대한 대관식을 치르고 예카테리나 2세로 차르의 자리에 오른 그녀는 총명하면서도 야심만만했던 기질을 발휘하여 러시아를 위한 이상적이고 혁신적인 정책들을 구상해 내기 시작했어. 보통 아침 5시에 일어나 하루에 10~15시간씩 업무를 처리할 정도였지.

예카테리나가 가장 먼저 한 생각은 러시아라는 큰 나라를 다스리려면 사회 전체를 통제할 수 있는 법이 필요하다는 것이었어.

"법을 만들어야겠습니다. 법에 따라 국민들이 평등한 대접을 받도록 하고 죄인을 고문하거나 사형시키는 제도는 없애겠어요. 공정한 법을 만들 수 있도록 의견을 모아야 하니 전국에서 국민들의 대표를 뽑아 입법 위원회를 소집해 주세요!"

예카테리나의 말에 신하들은 깜짝 놀랐어. 황제의 말이 곧 법이던 시대에 법을 따로 만든다는 것은 획기적인 일이었지.

"그런 바보 같은 결정을 하다니!"

"그러게 말입니다. 자기 마음대로 하면 될 것을 왜 골치 아프게 법을 만들려고 하는지……."

이 소문을 들은 대부분의 유럽 황실에서도 예카테리나 2세의 행동을 이해할 수 없다는 태도를 보였어.

"다른 나라의 의견은 신경 쓰지 마세요. 황제도 사람인데 어떻게 늘 공정하게 생각할 수 있겠습니까? 공정한 통치를 위한 기준이 필요합니다."

그녀의 명령에 따라 모든 계층을 대변할 수 있는 564명의 대표자를 뽑아 입법 위원회를 열었어.

"그 어떤 차르도 국민의 의견을 듣겠다고 한 적은 없었잖아요?"

"그렇죠. 이런 기회가 흔치 않을 테니 누구에게나 공정한 법을 만들 수 있도록 최선을 다합시다."

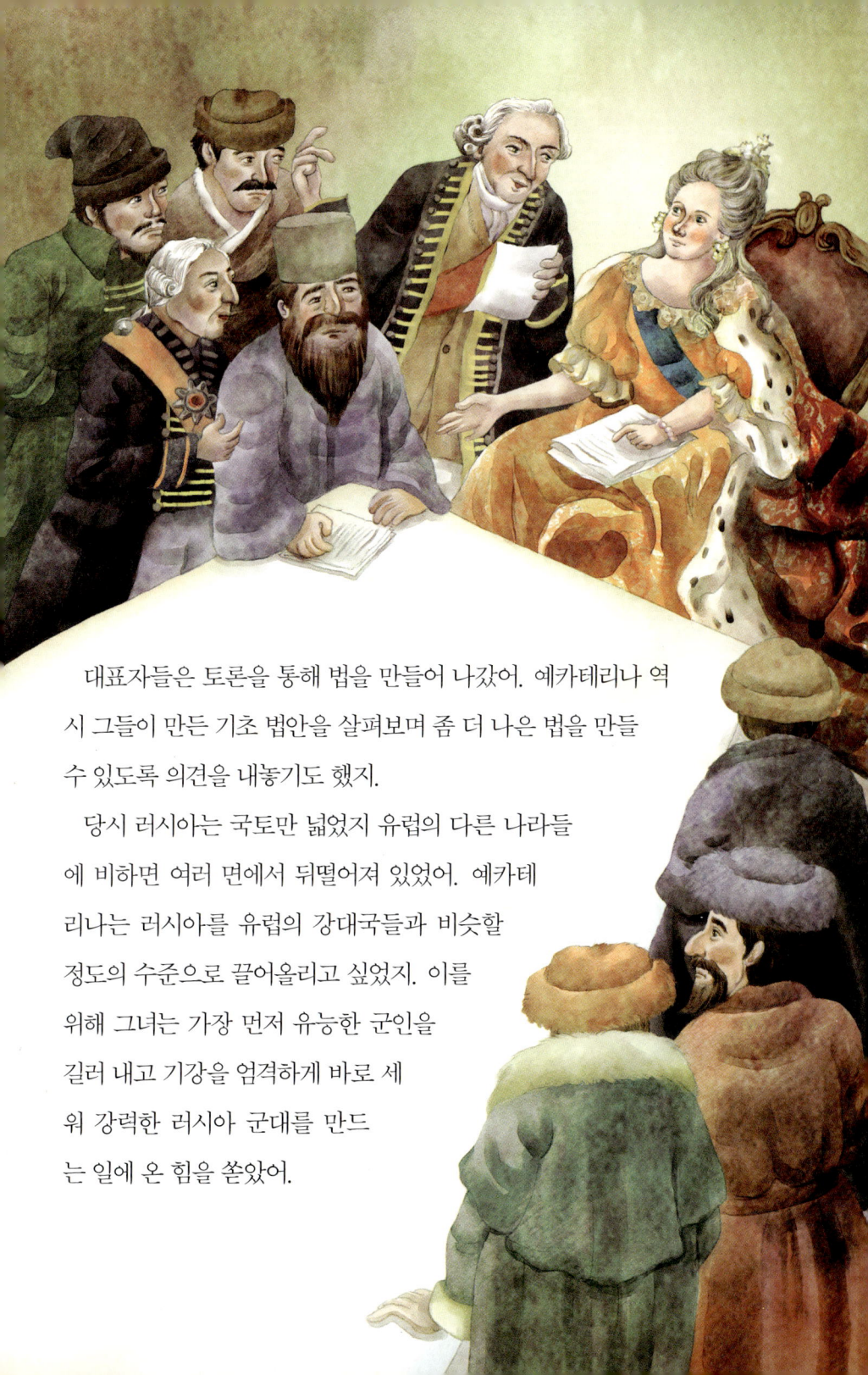

 대표자들은 토론을 통해 법을 만들어 나갔어. 예카테리나 역시 그들이 만든 기초 법안을 살펴보며 좀 더 나은 법을 만들 수 있도록 의견을 내놓기도 했지.

 당시 러시아는 국토만 넓었지 유럽의 다른 나라들에 비하면 여러 면에서 뒤떨어져 있었어. 예카테리나는 러시아를 유럽의 강대국들과 비슷할 정도의 수준으로 끌어올리고 싶었지. 이를 위해 그녀는 가장 먼저 유능한 군인을 길러 내고 기강을 엄격하게 바로 세워 강력한 러시아 군대를 만드는 일에 온 힘을 쏟았어.

유라시아 대륙 북부에 위치한 러시아에게 제일 필요한 것은 1년 내내 얼지 않는 항구였어. 흑해 연안의 항구를 차지하기 위해 표트르 대제도 끊임없이 노력했지만 주변국들의 방해로 번번이 실패했지.

부동항을 차지하기 위해 필요한 것이 군사적인 힘만은 아니라는 것을 파악한 에카테리나는 당시 복잡했던 유럽의 대결 구도를 정확히 읽고 외교 능력을 발휘했어. 프로이센, 오스트리아와 비밀리에 협약을 체결하고 폴란드를 분할하기로 했지.

"지금이 기회입니다. 러시아와 유럽 사이에 낀 폴란드라는 장벽을 없애면 러시아가 유럽의 중앙부로 뻗어 나갈 수 있습니다."

예카테리나는 군대를 앞세워 폴란드를 분할 점령하고 영토를 확장했어. 게다가 러시아 농민들의 생활 터전을 꾸준히 남쪽으로 옮겼지.

더 좋은 항구를 차지하기 위해 강대국들의 상황을 주시하던 중 기회가 찾아왔어. 교통의 요지인 크림 반도를 차지하고 있던 오스만 제국에 내분이 일어나서 상황이 좋지 않았던 거야.

"러시아가 크림 반도를 차지한다면 흑해를 통해 곧장 지중해로 진출할 수 있습니다. 우리가 그토록 원하던 부동항을 손에 넣고 유럽과 동양으로 동시에 뻗어 나갈 수 있지요."

"그것은 사실이지만, 영국과 프랑스가 가만히 있지 않을 겁니다."

"물론 그렇겠지요. 하지만 두고 보세요. 일찍이 빈손으로 러시아에 왔던 제가 차르가 되었습니다. 못할 것이 뭐가 있겠어요?"

크림 반도를 차지하기 위한 러시아와 오스만 제국의 전쟁은 거의 25년간 계속되었어. 물론 러시아의 세력 확장을 두려워한 유럽 나라들의 견제도 만만치 않았어. 예카테리나는 다방면으로 프랑스 대혁명이 러시아의 크림 반도 진출보다 유럽의 통치자들에게 더 위협이 된다며 선전하였지. 그런 그녀의 계속된 노력 덕분에 유럽 열강들은 러시아의 흑해 진출을 눈감아 주었고, 예카테리나는 마침내 흑해의 항구를 차지할 수 있었어.

또한 예카테리나는 러시아의 경제와 문화를 발전시키기 위해서는 유럽의 여러 나라들과의 교류가 필수적이라는 것을 깨닫고 많은 노력을 기울였어.

"전국 곳곳의 길을 정비하도록 하세요. 좁은 길은 넓히고 굽은 길은 직선 모양이 되도록 다시 만들어야 합니다."

길을 정비하는 일에 동원된 사람들은 불만스러워했지만, 길을 정비하자 놀라운 일이 벌어졌어. 유럽과의 교류가 활발해졌을 뿐만 아니라 농업, 공업, 상업 등도 발전하게 된 거야.

"영토가 넓은 러시아가 더욱더 발전하려면 길이 잘 정비되어 있어야 합니다. 아무리 좋은 물건을 만들어도 그냥 한곳에 묵혀 두면 무슨 쓸모가 있겠습니까? 그 물건들을 필요한 곳으로 옮겨서 사고팔아야지요. 러시아 곳곳에 묻힌 풍부한 자원을 운반하려고 해도 길이 좋아야 합니다. 그리고 앞으로 경제 발전을 가로막는 정책들도 계속해서 없애 나가도록 하겠습니다."

예카테리나는 나라가 경제적으로 안정되어 가자 러시아의 수준을 유럽 세계에 견줘도 부족함이 없을 정도로 높이고자 세월이 가는 줄도 모르고 일했어.

'아, 나도 이제 늙었구나. 세월이란 흐르는 물 같다더니 정말 그렇네. 누가 그걸 막을 수 있겠어?'

어느 날, 거울을 들여다보던 예카테리나가 중얼거렸어.

"여왕 폐하, 오늘따라 왕관이 더 잘 어울리십니다."

노년의 예카테리나 2세

"남편을 끌어내리고 쓴 왕관이 뭐가 그리 어울리겠습니까? 무겁디 무거웠습니다. 그러나 이건 내 개인의 문제가 아니고 러시아를 위한 일이니 감당해야 했지요. 러시아는 내 책임이자 의무였답니다."

예카테리나는 마지막까지도 능력이 없는 아들 대신 손자를 후계자로 키우기 위해 노력하다가 67세의 나이로 사랑하던 러시아를 뒤로한 채 조용히 눈을 감았어.

예카테리나 2세는 이방인 출신으로 러시아의 차르가 되어 한평생 러시아 사람보다 러시아를 더 사랑하고 발전시키기 위해 노력했지. 그녀는 영토를 크게 넓히고 러시아의 근대화를 성공적으로 이루어 내, 후세 사람들에게 '대제'라는 칭호로 불리기도 했어.

러시아 제국과 예카테리나 2세

1. 광활한 제국, 러시아

러시아는 세계에서 가장 넓은 영토를 가진 나라야. 그 면적이 한반도의 약 78배로, 지구에 있는 육지 면적의 $\frac{1}{7}$ 정도를 차지한다고 해. 드넓은 대륙을 차지하고 있는 러시아에는 다양한 자연환경과 기후가 나타나고 그만큼 자원도 풍부해.

러시아 제국 시대의 문장

러시아는 지리적으로 아시아와 유럽에 걸쳐 있기 때문에 동양과 서양의 문화를 동시에 간직하고 있으며, 여러 민족이 모여 사는 만큼 종교도 다양하다는 특징이 있어.

2. 러시아의 근대화를 대표하는 표트르 대제

표트르 대제(1672~1725) 이전의 러시아는 국토만 넓고 산업이 발달하지 않은 농업 국가였어. 관습에 얽매이지 않았던 그는 러시아 황제라는 신분을 감추고 서유럽에 사절단으로 함께 가서 공장과 박물관, 대학과 천문대 등을 견학하고 다녔지. 네덜란드 조선소에서는 배 만드는 일을 하였고, 영국에 갔을 때는 당시 세계 최강이었던 영국의 해군력을 배우는 데 온

표트르 대제

힘을 쏟았다고 해. 이런 경험을 통해 표트르는 러시아를 부강한 나라로 만들기 위해서는 서유럽식으로 대대적인 개혁을 해야 한다고 생각했어.

그는 과감한 추진력을 발휘하여 행정, 군사, 경제, 문화, 교육, 종교 등 거의 모든 분야에서 개혁을 실시하였지. 이를 바탕으로 당시 북유럽 최강이었던 스웨덴과의 전쟁에서 승리하면서 발트 해 지역을 차지하였고, '유럽을 향해 열린 창'으로 사용하기 위한 계획 도시 상트페테르부르크를 건설하여 새로운 수도로 삼았어. 개혁 군주라 불린 표트르 대제 덕분에 러시아는 짧은 시간에 근대화의 길을 걷게 된 거야.

3. 예카테리나 2세의 남편인 표트르 3세는 어떤 사람이었을까?

표트르 3세는 러시아 대신 자신이 태어나고 자란 프로이센을 사랑했어. 게다가 프로이센을 강대국으로 발전시킨 프리드리히 2세를 존경하고 있었지.

프리드리히 2세가 오스트리아의 슐레지엔을 점령하자, 마리아 테레지아는 러시아, 프랑스, 스웨덴 등과 손을 잡고 프로이센을 압박했어. 이런 상황에서 프리드리히 2세를 절망

표트르 3세와 예카테리나 2세

으로부터 구한 사람이 바로 예카테리나 2세의 남편, 표트르 3세야. 러시아의 차르였던 엘리자베타가 갑자기 죽자 새로운 차르가 된 표트르 3세는 존경하던 프리드리히 2세를 구하기 위해 프로이센과 강화를 맺었어. 게다가 프로이센과 연합하여 오스트리아 군대를 공격했지. 이렇게 러시아의 이익보다 프로이센을 택한 표트르 3세를 보다 못한 예카테리나 2세와 러시아 귀족들은 그를 차르 자리에서 끌어내리게 된 거야.

🌸 우리나라와 러시아는 어떤 관계를 맺어 왔을까?

러시아는 1860년 청나라와 조약을 맺으면서 연해주 지역을 차지하고 우리나라와 국경을 접하게 되었어. 이후 우리나라 사람들이 국경 너머로 옮겨 가서 정착하자, 러시아에 사는 우리나라 사람들을 고려인이라는 뜻의 '카레이스키'라고 불렀지. 1937년 러시아가 연해주 지역에 터를 잡고 살던 한민족을 강제로 중앙아시아 지역으로 옮기는 정책을 시행하면서 많은 사람들이 희생되었다고 해. 대한민국은 1990년 러시아와 정식으로 외교 관계를 맺었으며, 지금은 약 5,400명의 교민이 러시아에 살고 있어.

🌸 예카테리나 2세의 보물 창고, 예르미타시 미술관

예카테리나 2세는 예술품 수집에 많은 투자를 하여 문화 강국 러시아의 기틀을 마련하였어. 상트페테르부르크에 있는 예르미타시 미술관은 1764년 예카테리나 2세의 별궁으로 만들었다가 1780년에 그녀가 수집한 예술품을 보관·전시하는 미술관으로 바뀌었지. 1922년부터 국립 예르미타시 박물관으로 이름 붙여졌으며, 약 300만 점의 전시품이 소장되어 있는 세계 최고 수준의 박물관이야.

예르미타시 미술관

세상에서 가장 특별한 여왕 이야기

21세기 여성 리더가 된 토크쇼의 여왕
오프라 윈프리

오프라 윈프리는 낮 시간대 텔레비전 토크쇼
시청률 1위를 20년 넘게 차지한 토크쇼의 여왕이야.
그녀의 토크쇼는 미국뿐만 아니라 전 세계에서 방송되며
시청자들의 공감을 얻고, 소통을 통해 그들을 위로해 주었지.
그녀는 여기에서 만족하지 않고 자신의 돈과 시간,
긍정적인 사고방식을 인류의 삶을 개선하는 일에 바치고 있어.
그녀가 이런 삶을 살게 된 까닭을 한번 알아볼까?

세계에서 가장 영향력 있는 여성으로 꼽힌 '토크쇼의 여왕' 오프라 윈프리는 어린 시절 상당한 고난을 겪으며 자랐어.

"전 도저히 그 아이를 키울 자신이 없어요. 이젠 제 딸이 아니니 마음대로 하세요. 다시는 이런 전화도 하지 마시고요."

수화기 넘어 냉랭한 여자의 목소리가 들려왔어.

"아니, 그러시면 어떻게 합니까? 보호자가 오셔야 이 아이가 여기서 나갈 수 있는데, 엄마가 딸을 포기하다니요?"

청소년 보호소 반장은 난감했어. 아무리 사고를 쳐서 잡혀 왔다지만 엄마가 딸을 데려가지 않겠다고 하는 것은 처음 겪는 일이었지.

"전 지쳤어요. 이건 뭐 한두 번도 아니고……."

철커덕 하고 수화기를 내려놓는 소리가 들리자 앞이 막막했어.

'허, 이 일을 어쩐담.'

보호소 반장은 어쩔 줄 모르겠다는 듯이 머리를 흔들었어. 오프라 윈프리라는 여자애 때문에 요즘 골치가 아팠기 때문이야. 술을 마시고 친구들과 싸움을 하다가 들어오기도 하고, 심지어는 마약을 하다가 잡혀 오기도 했지.

"쯧쯧, 안 데려가겠대? 근데 저 어린 여자애가 미혼모라는 거 알고 있나? 겨우 14살밖에 안된 애가 미혼모라니 말 다했지 뭐."

옆에서 가만히 지켜보고 있던 동료가 혀를 차며 말했어.

"그럼 아기 엄마가 애는 안 키우고 저러고 다닌다는 거야?"

"아들을 낳았는데, 2주 만에 죽어서 더 저러고 다니는 거래."

　오프라는 철창 안으로 들려오는, 자신을 두고 이러쿵저러쿵 하는 이야기를 다 듣고 있을 수밖에 없었어.
　'저런 소리를 들을 수 없게 차라리 귀가 멀었으면 좋겠어. 나에 대해 뭘 안다고 저런 소리를 하는 거야!'
　보호소 사람들의 얘기에 떠오르는 기억들은 또다시 오프라를 아프게 했어. 엄마라는 사람은 이 집 저 집 친척 집에 오프라를 맡겨 놓고 잊을 만하면 한 번씩 나타나곤 했지. 아무도 가난한 흑인 여자애에게 살갑게 대하지 않았기에 돌아보면 늘 혼자서 지옥과 같은 생활을 견뎌야 했어.

"아가, 내가 성경을 읽어 줄게."

오프라는 심심할 때면 다 낡은 인형에게 성경책을 읽어 주며 혼자서 놀았어. 그럴 때면 어김없이 외할머니의 매질이 날아왔고, 그녀는 옥수수 농장에서 정신없이 일을 해야 했지.

"빨리빨리 못하겠니? 몸집도 큰 것이 그것도 하나 못 들어?"

할머니는 옥수숫대로 등짝을 후려치며 말하곤 했어.

'흑인은 이렇게 맞는 게 당연한 건가 봐.'

어린 마음에 이런 생각이 들 때는 백인이 되고 싶기도 했지만, 그건 이룰 수 없는 꿈이었지. 짐짝 취급을 받으며 어디에 있던 항상 가난하고 구박을 받는 삶이 현실이었어.

'이렇게 사는 건 정말 지긋지긋해!'

오프라는 속에서 들끓는 감정을 어떻게 할 수가 없어 어린 마음에 집을 뛰쳐나와 방황했어. 거리에서 잠을 자기도 하고 나쁜 친구들과 어울리기도 했지. 우울증이 심한 날에는 어린 자신에게 못된 짓을 하던 친척들이 생각나 당장이라도 달려가 복수하고 싶었어. 그러나 그럴 힘은 없었고, 엉망인 삶을 살고 있던 자신을 걱정해 주거나 돌봐 주는 이 하나 없다는 사실에 절망할 수밖에 없었지.

"오프라 윈프리, 나와 보거라. 누가 찾아왔다."

며칠 후, 보호소 반장의 부름에 그녀는 어리둥절한 기분으로 나갔어.

"오프라, 오랜만이구나. 내가 누군지 알아보겠니? 나와 함께 우리 집으로 가자꾸나."

자신을 찾아온 사람은 오래전에 헤어졌던 아버지 버논이었어. 어떻게든 보호소를 벗어나고 싶었기에 무작정 따라나섰지만, 아버지 집에서도 마음을 잡지 못하고 무기력하게 하루하루를 보낼 뿐이었지.

어느 날, 그런 오프라를 보다 못한 버논이 물었어.

"오프라, 세상에는 세 종류의 사람들이 있단다. 첫 번째 사람들은 스스로 인생을 개척하지. 두 번째 사람들은 남이 사는 것을 그냥 바라본단다. 세 번째 사람들은 무슨 일이 일어나는지도 모르고 살아가지. 너는 어떤 사람이 되고 싶니?"

이야기를 듣는 순간, 오프라는 머리를 한 대 맞은 느낌이었어.

"인생을 스스로 개척하는 사람이 되고 싶어요!"

지금까지 그냥 있는 대로 살았다면 앞으로는 새로운 인생을 살고 싶었어. 자신의 노력으로 바꿀 수만 있다면 진심으로 그렇게 되길 바랐지. 이렇게 죽지 못해 사는 인생을 살고 싶지는 않았어.

오프라의 결심을 느낀 아버지는 한 가지 제안을 했어. 함께 책을 읽자는 것이었지. 어려서부터 책 읽는 것을 좋아했던 터라 그녀도 흔쾌히 받아들였어.

오프라는 그날부터 무기력함에서 벗어나기 위해 열심히 책을 읽었어. 책은 때로는 따뜻한 위로를 주기도 하고, 궁금한 것들에 대한 해답을 주었으며, 어떤 때는 살아갈 힘과 용기를 주기도 했지. 그렇게 한동안 책을 보며 마음을 다잡은 오프라는 다시 학교에 다니기 시작했어. 새어머니도 그녀를 힘껏 도와주었지.

오프라는 고등학교에 다니면서 지역의 라디오 방송국에서 일을 하기 시작했어.

'그래. 내 인생은 내가 노력하기에 달린 거야. 성공한 인생을 사느냐, 실패한 인생을 사느냐 하는 것은 온전히 내 손에 달렸다고!'

짧막한 뉴스를 읽는 사소한 일이었지만, 그녀는 최선을 다했고 덕분에 22살에는 지역 뉴스의 공동 진행자가 될 수 있었지.

"어린이를 납치한 범죄는 아주 최악이에요. 빨리 아이를 안전하게 집으로 돌려보내세요. 당신 아이가 그런 일을 당했다고 한번 생각해 보시라고요!"

어린이 납치범에 관한 뉴스를 전달하던 중 오프라가 소리쳤어. 사실을 정확하게 전달하는 것이 뉴스 진행의 기본이었는데, 그녀는 종종 이렇게 자신의 감정을 실어 뉴스를 진행하는 바람에 윗사람에게 혼이 났어. 그런데 시청자들은 속이 시원해진다며 오프라의 독특한 진행 방식을 좋아했지. 결국 이런 일이 반복되자, 오프라의 상사는 그녀에게 아침 시간대의 토크쇼 진행자 자리를 추천해 주었어.

"단 한 사람이라도 제 방송을 보면서 힘을 얻고 웃을 수 있도록 최선을 다해 진심으로 방송하겠습니다."

오프라의 진심이 통했는지 그녀가 진행하는 토크쇼는 한 달 만에 가장 인기 있는 프로그램으로 뽑혔어. 그 인기를 토대로 그녀의 이름을 딴 '오프라 윈프리 쇼'가 탄생했고, 지역에만 나가던 프로그램이 전국적으로 방송되기 시작했지.

"저는 직장에서 흑인이라고 무시를 당하고 있어요. 무슨 일을 하든지 죄인 취급을 받고, 제가 왜 이런……."

어느 날, 초대 손님이 어렵게 자신의 이야기를 꺼내며 흐느끼자 오프라는 자신의 경험을 솔직하게 이야기하며 그녀를 위로했어.

"맞아요. 저도 흑인이라고 심하게 무시를 당한 적이 많아요."

그러자 초대 손님은 좀 더 편안해진 얼굴로 자신의 이야기를 터놓기 시작했어. 고통으로 얼룩진 어린 시절을 보내다 힘이 들어 마약을 복용했다는 이야기였지. 오프라는 초대 손님의 손을 꼭 잡고 눈물을 흘리며 말을 이어 갔어.

"이해해요. 나도 그랬으니까요. 하지만 과거에 머물러 있으면 그 과거가 당신을 지배하고 말 거예요. 그렇게 되면 결코 앞으로 나아갈 수 없습니다. 인생의 승리자가 되려면 반드시 책임지는 사람이 되어야 합니다. 사람들은 저마다의 장점이 있으니 그것을 찾아야 해요."

출연자들은 오프라가 자신들의 이야기를 귀담아듣고 공감해 주는 것만으로도 충분한 위로를 받았어. 거기에 재치 있는 진행과 다양한 독서를 통해 얻은 조언까지 아끼지 않는 그녀의 토크쇼는 큰 인기를 끌었지. 그 결과 '오프라 윈프리 쇼'는 20년 넘게 낮 시간대 텔레비전 토크쇼 시청률 1위를 차지했고, 140여 개 나라에서 방영되었어.

꼭 돈을 벌기 위해 일한 건 아니지만, 열심히 하다 보니 돈이 저절로 따라와 오프라는 세계에서 손꼽히는 부자가 되었어. 경제력과 토크쇼의 인기를 바탕으로 한 그녀의 국내외적 영향력은 점점 커졌지.

'혼자 잘 먹고 잘사는 건 의미가 없어. 이 돈은 가난한 사람들을 위해 나누라는 뜻으로 신이 내게 맡겨 둔 거야!'

오프라 윈프리는 '토크쇼의 여왕'이라는 명성에 걸맞게 영화, 텔레비전 쇼를 제작하는 하포(Harpo) 주식회사를 세운 것을 시작으로 더 많은 돈을 벌어들였어. 그 돈으로 가난하고 못 배운 사람들을 위해 전 세계에서 아낌없는 나눔을 실천하고 있지. 또한 그녀의 봉사 정신은 많은 사람들에게 본보기가 되었고, 점점 더 많은 이들이 오프라와 뜻을 함께하는 데 참여하고 있다고 해.

토크쇼와 오프라 윈프리

1. 토크쇼란 무엇일까?

토크쇼는 진행자가 제안하는 화제에 대해 한 사람 또는 여러 사람이 이야기하는 텔레비전이나 라디오 프로그램을 말해. 화제에 대한 지식이나 경험이 풍부한 여러 명이 출연하기도 하고, 한 명의 출연자가 자신의 일이나 전문 분야에 대해 진행자와 이야기하는 경우도 있어.

오프라 윈프리 쇼

2. 오프라 윈프리의 성공 습관 10계명

- 일부러 남들의 호감을 얻으려 애쓰지 말라. ― 남들의 호감을 얻기 위해 자신에게 소홀하지 말라는 거야.
- 앞으로 나아가기 위해 외적인 것에 의존하지 말라. ― 내면이 먼저 충실해야 비로소 외적인 것이 빛날 수 있다는 뜻이지.
- 일과 삶이 최대한 조화를 이루도록 노력해라. ― 우리 삶의 가치는 스스로의 행복에 있어. 일하는 것이 행복하다는 느낌이 지속되려면 충분한 휴식과 여유는 물론이고 주변 사람들과도 어울릴 줄 알아야 해.
- 다른 사람을 험담하고 다니는 사람을 멀리하라. ― 험담을 잘하는 사람들은 모든 일에 부정적인 경우가 많아.
- 상대방에게 항상 친절하라. ― 남에게 진심을 다해서 친절한 사람은 스스로에게 진실할 줄 아는 사람이야.
- 중독된 것들을 끊어라. ― 모든 중독은 몸과 마음을 병들게 해.

- 당신의 주위를 당신에 버금가는 혹은 당신보다 나은 사람들로 채워라. — 좋은 사람들로부터 조언을 얻으면 시행착오를 줄일 수 있어.
- 돈 때문에 하는 일이 아니라면 돈 생각은 아예 잊어라. — 대가를 위해 한 일이 아니라면 일을 시작했을 때의 순수한 뜻을 유지하는 것이 좋아.
- 당신의 권한을 다른 사람에게 넘겨주지 말라. — 책임이 없으면 쉽게 무기력해지므로 자신의 일은 책임감을 가지고 스스로 결정해야 해.
- 끊임없이 꿈을 향해 나아가라. — 지금의 위치에 만족하지 말고 끊임없이 도전하라는 의미야.

3. 기부의 여왕, 오프라 윈프리

오프라 윈프리는 "남보다 더 가졌다는 것은 축복이 아니라 사명이다."라는 말을 통해 자신의 나눔 철학을 드러내고, 1998년 오프라 윈프리 재단을 만들어 직접 자선 활동을 하고 있을 뿐만 아니라 다른 자선 단체들을 경제적으로 돕고 있어. 또한 남아프리카 공화국에 리더십 아카데미를 세우고 가난 때문에 삶의 의지를 잃어버린 아이들에게 용기를 주는 나눔을 실천하고 있어.

오프라 윈프리 리더십 아카데미 1회 졸업식

❁ '오프라 법안'이란 무엇일까?

오프라 윈프리는 미국 의회에서 '어린이에 대한 폭력이야말로 세상에 존재하는 최악의 문제'라며 학대받고 있는 아이들에 관한 연설을 한 적이 있어. 그녀는 어린이 성폭력 범죄자와 아동 학대로 유죄 판결을 받은 범죄자들에 대한 정보를 검색할 수 있는 데이터베이스를 만들고 어린이와 관련된 기업들이 그 정보를 이용할 수 있게 해야 한다고 요구하였지. 그 결과 1993년 국가 아동 보호법이 마련되었고, 이 법안이 '오프라 법안'이라고 불리는 거야.

❁ 영화계에서도 활약 중인 오프라 윈프리

오프라 윈프리는 다수의 영화에서 연기를 한 적이 있어. 단역서부터 시작해 주조연을 가리지 않았고 목소리만 출연한 적도 있지. 기획과 제작을 맡은 영화도 있을 정도야.

그 결과 1986년에는 '컬러 퍼플'로 제58회 아카데미 여우 조연상 후보에 올랐고, 2012년에는 인권을 위해 힘써 온 노력을 인정받아 아카데미 시상식에서 공로상을 받기도 했어.

1985년 작, 컬러 퍼플

2013년 작, 버틀러 : 대통령의 집사